... DES ACTUAIRES ...

ÉTUDES

... CHOLOGIE ...

BIBLIOTHÈQUE DES ACTUALITÉS

MÉDICALES ET SCIENTIFIQUES

VII

BIBLIOTHÈQUE DES ACTUALITÉS MÉDICALES ET SCIENTIQUES

Collection publiée dans le format in-18 jésus, volume broché.

OUVRAGES PARUS DANS CETTE COLLECTION (15 AVRIL 1888) :

ÉTUDES

DE

PSYCHOLOGIE

EXPÉRIMENTALE

ÉTUDES

DE

PSYCHOLOGIE

EXPÉRIMENTALE

LE FÉTICHISME DANS L'AMOUR
LA VIE PSYCHIQUE DES MICRO-ORGANISMES
L'INTENSITÉ DES IMAGES MENTALES. — LE PROBLÈME HYPNOTIQUE
NOTE SUR L'ÉCRITURE HYSTÉRIQUE

PAR

ALFRED BINET

Avec figures dans le texte.

PARIS
OCTAVE DOIN, ÉDITEUR
8, PLACE DE L'ODÉON, 8

1888

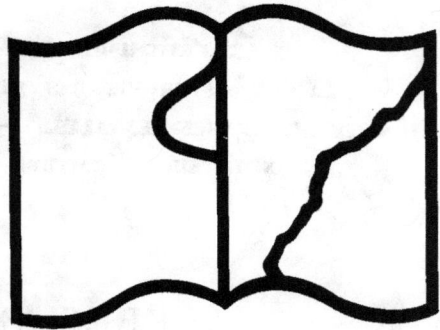

Texte détérioré — reliure défectueuse
NF Z 43-120-11

A

MONSIEUR E.-G. BALBIANI

PROFESSEUR D'EMBRYOGÉNIE COMPARÉE AU COLLÈGE DE FRANCE

ÉTUDES

DE

PSYCHOLOGIE EXPÉRIMENTALE

LE FÉTICHISME
DANS L'AMOUR

LE FÉTICHISME RELIGIEUX. — LE FÉTICHISME DE L'AMOUR. — LE GRAND ET LE PETIT FÉTICHISME. — CLASSIFICATION SYMPTOMATIQUE DES FOLIES ÉROTIQUES.

Le fétichisme, ce que M. Max Müller appelle dédaigneusement le « culte des brimborions », a joué dans le développement des religions un rôle capital. Quand même il serait vrai, comme on l'a prétendu dernièrement, que les religions n'ont pas commencé par le fétichisme, il est certain que toutes le côtoient, et quelques-unes y aboutissent. La grande querelle des images, qui a été agitée dès les premiers siècles de l'ère chrétienne, qui a passé à l'état aigu à l'époque de la réforme religieuse, et qui a produit non seulement des discussions et des écrits, mais des guerres et des massacres, prouve assez la généralité et la force de notre tendance à confondre la divinité avec le signe matériel et palpable qui la représente. Le fétichisme ne tient pas une moindre place dans l'amour : les faits réunis dans cette étude vont le montrer.

Le fétichisme religieux consiste dans l'adoration d'un objet matériel auquel le fétichiste attribue un pouvoir mystérieux : c'est ce qu'indique l'étymologie du mot fétiche : il dérive du portugais *fetisso*, qui signifie chose enchantée, chose fée, comme l'on disait en vieux français [1]; *fetisso* provient lui-même de *fatum*, destin. Pris au figuré, le fétichisme a un sens un peu différent. On désigne généralement par ce mot une adoration aveugle pour les défauts et les caprices d'une personne. Telle pourrait être, à la rigueur, la définition du fétichisme amoureux. Mais cette définition est superficielle et banale : elle ne peut nous suffire. Pour la préciser un peu, nous nous bornerons à mettre sous les yeux du lecteur certains faits qui peuvent être considérés comme la forme pathologique, c'est-à-dire exagérée, du fétichisme de l'amour.

MM. Charcot et Magnan ont publié les meilleures observations de fétichisme, et notre étude ne sera qu'un commentaire de ces observations, auxquelles nous en avons joint de nouvelles; elles sont relatives à des dégénérés qui éprouvent une excitation génitale intense pendant la contempla-

---

[1] MAURY, *in Magie et l'Astrologie*, ch. [.] — M. Max Müller rattache le mot fétiche, toujours par l'intermédiaire du portugais *fetisso*, au mot latin *factitius*, chose factice, sans importance.

tion de certains objets inanimés qui laissent complètement indifférent un individu normal. Ces perversions sont assez répandues, car on en trouve la mention et parfois même l'analyse assez bien faite dans quelques romans contemporains.

L'objet de l'obsession est particulier et toujours le même pour chaque sujet. Nous en donnerons ces quelques exemples, qui paraissent bizarres à première vue : un bonnet de nuit. — les clous de souliers de femmes. — les tabliers blancs.

Le terme de fétichisme convient assez bien, ce nous semble, à ce genre de perversion sexuelle. L'adoration de ces malades pour des objets inertes comme des bonnets de nuit ou des clous de bottines ressemble de tous points à l'adoration du sauvage ou du nègre pour des arêtes de poissons ou pour des cailloux brillants, sauf cette différence fondamentale que, dans le culte de nos malades, l'adoration religieuse est remplacée par un appétit sexuel.

On pourrait croire que les observations précédentes, que nous avons résumées d'un mot, et sur lesquelles nous aurons à revenir, sont des monstruosités psychologiques ; il n'en est rien ; ces faits existent en germe dans la vie normale : pour les y trouver, il suffit de les chercher ; après une étude attentive, on est même étonné de la place qu'ils y occupent.

Seulement, dans ces cas nouveaux, l'attrait sexuel prend pour point de mire non un objet ina-

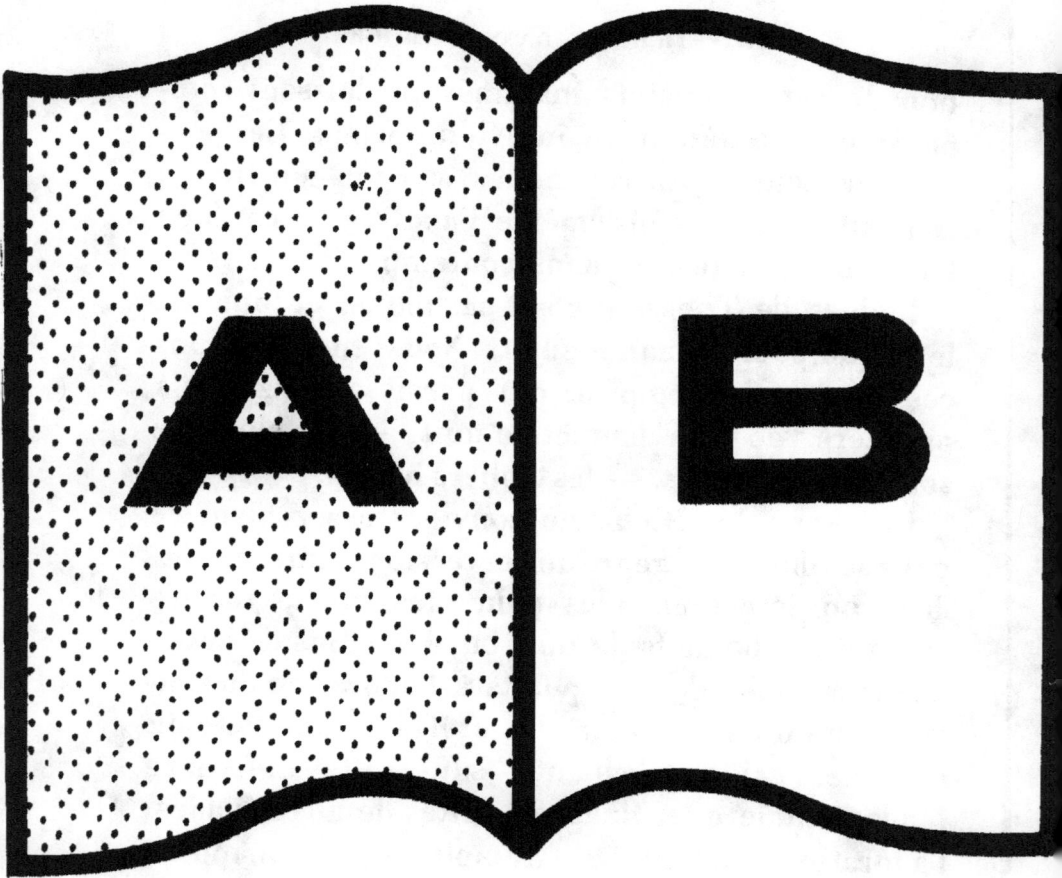

Contraste insuffisant

NF Z 43-120-14

nimé, mais un corps animé : le plus souvent, c'est une fraction d'une personne vivante, comme un œil de femme, une boucle de cheveux, un parfum, une bouche aux lèvres rouges : peu importe l'objet de la perversion : le fait capital, c'est la perversion elle-même, c'est le penchant que les sujets éprouvent pour des objets qui sont incapables de satisfaire normalement leurs besoins génitaux. Aussi tous ces faits appartiennent-ils à un même groupe naturel : ils offrent en commun ce caractère bien curieux de consister dans un appétit sexuel qui présente une *insertion vicieuse,* c'est-à-dire qui s'applique à des objets auxquels normalement il ne s'applique pas.

Il convient d'ailleurs d'ajouter que tout le monde est plus ou moins fétichiste en amour : il y a une dose constante de fétichisme dans l'amour le plus régulier. En d'autres termes, il existe un grand et un petit fétichisme, à l'instar de la grande et de la petite hystérie, et c'est même là ce qui donne à notre sujet un intérêt exceptionnel.

Si le *grand fétichisme* se trahit au dehors par des signes tellement nets que l'on ne peut pas manquer de le reconnaître, il n'en est pas de même du *petit fétichisme* ; celui-là se dissimule facilement ; il n'a rien d'apparent, de bruyant ; il ne pousse pas les sujets à des actes extravagants, comme à couper des cheveux de femme ou à voler des tabliers blancs ; mais il n'en existe pas moins, et c'est peut-être lui qui contient le secret des

amours étranges et des mariages qui étonnent le
monde. Un homme riche, distingué, intelligent
épouse une femme sans jeunesse, ni beauté, ni
esprit, ni rien de ce qui attire la généralité des
hommes; il y a peut-être dans ces unions une sympathie d'odeur ou quelque chose d'analogue; c'est
du *petit fétichisme.*

Il sera donc intéressant pour chacun de nous
de s'interroger, de se disséquer et d'examiner ce
qu'il éprouve, pour comparer ses sentiments et
ses goûts aux sentiments et aux goûts des grands
fétichistes dont nous allons brosser le portrait.
Aussi notre étude est-elle probablement plus intéressante par ce qu'elle suggère que par ce qu'elle
dit.

En essayant d'englober tant de faits dans une
même formule, nous arrivons à donner au mot
fétichisme un sens inusité: à la lettre, il ne s'applique qu'à certaines de nos perversions, aux plus
accusées; les vrais fétichistes, ce sont les amants
des clous de bottines ou des tabliers blancs; mais
si nous forçons les termes, c'est que nous sommes
en présence d'une famille naturelle de perversions, et qu'il y a un intérêt majeur à donner à
cette famille un nom unique.

Nous arrivons ainsi à grouper ensemble un
grand nombre de faits: quelques-uns sont déjà connus; mais on s'est borné jusqu'ici à des observations isolées: on n'a pas vu l'ensemble de la question; on n'a pas saisi la généralité du phénomène.

C'est cette synthèse que nous allons essayer. Nous nous proposons d'établir dans la classification symptomatique des folies génitales un genre nouveau, auquel nous donnons le nom de fétichisme.

Dans un récent article sur la folie érotique[1], M. Ball propose de soumettre à la classification suivante les manifestations multiples de cette folie :

ÉROTOMANIE ou folie de l'amour chaste.

EXCITATION SEXUELLE..
- 1º Forme aphrodisiaque;
- 2º   —   obscène ;
- 3º   —   hallucinatoire ;
- 4º Satyriasis ou nymphomanie.

PERVERSION SEXUELLE..
- 1º Sanguinaires ;
- 2º Nécrophiles ;
- 3º Pédérastes ;
- 4º Intervertis.

Si l'on accepte cette classification, qui est purement symptomatique, il faut ranger les fétichistes dans la troisième catégorie, celle de la perversion sexuelle, et créer pour eux une cinquième subdivision, qu'on peut placer à la suite de celle des intervertis.

Nous rappelons enfin que nous étudions les faits en psychologue et non en aliéniste. La différence des deux points de vue est facile à saisir. Pour l'aliéniste, le fait capital, c'est la relation du symptôme à l'entité morbide. L'étude de cette relation a conduit, comme on sait, Morel, M. Falret, et surtout M. Magnan, à considérer la plupart des symptômes que nous allons étudier comme des

[1] *Encéphale*, 1887, p. 190.

épisodes de la folie héréditaire des dégénérés.
Pour le psychologue, le fait important est ailleurs;
il se trouve dans l'étude directe du symptôme, dans
l'analyse de sa formation et de son mécanisme,
dans la lumière que ces cas morbides font sur la
psychologie de l'amour.

CHAPITRE PREMIER

Quelque, faits normaux. — Influence des associations d'idées sur
nos goûts. — Opinion de Descartes. — L'amant de l'œil : observation de M. Ball. — L'amant de la main. — Principaux caractères de cette perversion. — L'amant des cheveux. — L'amant
de l'odeur. — Les rapports entre le sens de l'odorat et les fonctions génitales, dans le règne animal. — Le type olfactif. —
L'amant de la voix. — Le rôle de l'hérédité, de l'habitude et
de l'instinct de la génération dans le fétichisme.

Le fétichisme de l'amour se présente sous bien
des formes ; mais toutes ces formes se ressemblent :
en connaître une. c'est les connaître toutes ; ce
sont comme des variations infinies sur un thème
unique. Nous étudierons successivement :

1° L'amant de l'œil ;

2° L'amant de la main :

3° L'amant des cheveux ;

4° L'amant de l'odeur.

Dans ces quatre cas. le fétichisme. qui souvent
ne se distingue de l'état normal que par des
nuances insensibles, a pour objet une partie du
corps de la personne aimée. C'est l'amour plastique.

Chacun a en amour ses goûts particuliers ; c'est
même un sujet habituel de conversation ; telle personne aime la beauté blonde, telle autre la beauté

brune : celui-ci est pour les yeux bleus, celui-là pour les yeux noirs. Certaines personnes avouent que ce qu'elles préfèrent, c'est la taille ; d'autres, c'est le pied ; d'autres, la nuque.

Les causes de ces préférences sont multiples. Condillac en signale une, l'association des idées.

« Les liaisons d'idées influent infiniment sur toute notre conduite. Elles entretiennent notre amour ou notre haine, fomentent notre estime ou notre mépris, excitent notre reconnaissance ou notre ressentiment, et produisent ces sympathies, ces antipathies et *tous ces penchants bizarres dont on a quelquefois tant de peine à rendre raison* [1] ». À l'appui, Condillac cite une observation relative à Descartes ; cette observation est un exemple du besoin si commun qu'on éprouve de retrouver chez des femmes ce que l'on a aimé chez d'autres. Descartes conserva toujours du goût pour les yeux louches, parce que la première personne qu'il avait aimée avait ce défaut.

Je ne puis m'empêcher de supposer que Descartes pensait à son propre cas, quand il écrivait, dans son *Traité des Passions*, la section CXXXVI, où il décrit « d'où viennent les effets des passions qui sont particulières à certains hommes. » Voici ce passage, qui est d'une très fine psychologie :

« Il y a telle liaison entre notre âme et notre corps que lorsque nous avons une fois joint quel-

---

[1] *Art de penser*, ch. v.

1.

que action corporelle avec quelque pensée. l'une
des deux ne se présente pas à nous par après. que
l'autre ne s'y présente aussi... Il est aisé de penser que les étranges aversions de quelques-uns
qui les empêchent de souffrir l'odeur des roses ou
la présence d'un chat. ou choses semblables. ne
viennent que de ce qu'au commencement de leur
vie ils ont été offensés par quelques pareils objets.
ou bien qu'ils ont compati au sentiment de leur
mère. qui en a été offensée étant grosse. L'odeur
des roses peut avoir causé un grand mal de tête à
un enfant lorsqu'il était encore au berceau. ou bien
un chat le peut avoir fort épouvanté, sans que
personne y ait pris garde. ni qu'il en ait eu après
aucune mémoire [1]. bien que l'idée de l'aversion
qu'il avait alors pour ces roses et pour ce chat
demeure imprimée en son cerveau jusqu'à la fin de
sa vie. »

Voici maintenant un premier cas de grand fétichisme. L'observation que nous allons reproduire
est relative à un malade que j'ai vu vers 1884 à la
clinique de M. Ball. et dont l'éminent professeur
a raconté l'histoire avec toute la verve et tout l'esprit qu'on lui connaît, dans une leçon sur la folie
érotique [2].

---

[1] Voilà le point important. et Descartes n'a pas manqué de le
reconnaître. L'aversion acquise pour certains objets devient indépendante du souvenir du fait qui a donné naissance à cette aversion.

[2] *Encéphale*. 1883.

« Il s'agit d'un jeune homme de trente-quatre ans. De petite taille et vigoureusement constitué, il a conservé sur sa physionomie les attributs de la jeunesse. Fils d'un professeur de dessin, il a reçu une éducation assez complète : il est bachelier, et jusqu'à l'époque de son entrée à Sainte-Anne il exerçait les fonctions de professeur de latin dans une institution de jeunes gens. Il a eu des convulsions dans l'enfance. Son caractère est faible, sans ressort, aisément influencé. Dès l'âge de six ans, nous voyons poindre des prédispositions à son état actuel ; il avait, dit-il, quelques idées lubriques ; mais au milieu d'une ignorance absolue, il n'a pas tardé à contracter des habitudes de masturbation accouplées à des conceptions fort singulières.

« D'abord notre homme affirme qu'il est resté vierge de tout contact féminin : nous croyons absolument qu'il dit la vérité, car son récit est parfaitement en accord avec ses idées.

« Cet homme vierge a été assujetti pendant toute sa vie à des idées obscènes. Constamment préoccupé de l'idée de la femme, il ne voyait absolument dans son idéal que les yeux. C'est là qu'il trouvait l'expression de toutes les qualités qui doivent caractériser la femme, mais enfin ce n'était point assez ; et comme il fallait absolument en venir à des idées d'un ordre plus matériel, il avait cherché à s'éloigner le moins possible des yeux qui constituaient son centre d'attraction, et dans son

inexpérience absolue, il avait placé les organes
sexuels dans les fosses nasales. Sous l'empire de ces
préoccupations, il avait tracé des dessins étranges,
car, fils d'un professeur de dessin, il avait appris
de bonne heure à manier le crayon. Les profils
qu'il esquissait, et dont il nous a montré quelques
exemplaires, reproduisaient assez exactement
le type grec, sauf en un seul point qui les rendait
irrésistiblement comiques : la narine était démesuré-
ment grande, afin de permettre l'introduction du
pénis). Mais comme il n'avait mis personne dans la
confidence, il a pu mener une vie régulière et tran-
quille jusque vers la fin de l'année 1880.

« Il était, nous l'avons déjà dit, professeur dans
une institution privée, et on l'avait chargé de con-
duire les élèves en omnibus à la pension. Dans une
de ses promenades, il rencontre son idéal en la
personne d'une jeune fille habitant le quartier ; il
aperçoit une forêt de cheveux au-dessous desquels
se dessinent des yeux immenses.

« À partir de ce moment, son destin est fixé. Il
est décidé dans son esprit qu'il épousera la belle
inconnue ; il s'assure de son domicile, et, sans
plus d'ambages, il monte chez elle et se fait an-
noncer. Il est reçu par la mère, à qui il demande
catégoriquement la main de sa fille. On le jette à
la porte, ce qui ne modifie nullement ses sentiments ; il se représente une seconde et une troisième fois ; il finit par être arrêté et conduit à la
préfecture.

« Sous tous les autres rapports, son intelligence
paraît régulière... Il n'accuse personne, il ne se
connaît point d'ennemis : il ne manifeste aucune
animosité contre sa bien-aimée : il est convaincu
que s'il est enfermé à Sainte-Anne, c'est pour y
passer un temps d'épreuve et se rendre plus digne
d'elle. »

Ajoutons qu'après un séjour prolongé à l'asile
pendant plusieurs années, ce malade a versé insensiblement dans un état de demi-démence, et
que la démence complète paraît devoir être malheureusement la solution de sa carrière d'éroto-
mane.

Nous reviendrons bientôt sur cette observation,
et nous essayerons d'en faire l'analyse psychologique. Pour le moment, nous nous contentons de
rassembler les faits.

On remarquera dès à présent que l'observation
précédente ne doit pas être confondue avec le joli
délire des amoureux. Le malade de M. Ball n'est
pas un de ces simples enthousiastes qui chantent
les beaux yeux de leur maîtresse. Il ne s'agit
point ici de poésie, mais d'une véritable perversion
sexuelle qui a conduit le sujet à la démence.

Après l'*amant de l'œil*, voici l'*amant de la main*.
Ce dernier est très fréquent, si j'en crois mes nombreuses observations. Je choisis la suivante, qui
est plus complète et plus riche en détails que les
autres.

L'observation suivante a trait à un jeune homme que j'ai connu pendant mes années de médecine. M. R... est grand, il n'a pas d'asymétrie faciale, pas de prognathisme : le front est large, bien découvert, la tête est brachycéphale. Au moral, il est intelligent, doué d'une imagination très vive: son caractère est doux, ses relations sont faciles: il est affectueux, tendre, charitable: ajoutons qu'il a, de son propre aveu, un tempérament sensuel.

Sa famille, sur laquelle il m'a donné des renseignements circonstanciés, est entièrement composée, sans aucune exception, de névropathes. Mais ce ne sont pas des névropathes bruyants, ce sont ce que l'on a coutume d'appeler des personnes nerveuses, ne présentant d'autres signes connus de névropathie que la forme du caractère, vif, emporté, facilement énervé et changeant brusquement pour une cause futile.

Il adore les femmes: mais dans la femme, ce qu'il préfère à tout le reste, même à l'expression de la physionomie, c'est la main: la vue d'une jolie main détermine chez lui une curiosité dont la nature sexuelle n'est pas douteuse, car en se prolongeant, elle provoque l'érection. Toute main indistinctement n'est pas capable de produire chez lui une réaction sexuelle. Il faut éliminer tout de suite les mains d'hommes, les mains d'enfants et les mains des personnes âgées. Chose curieuse, les mains vieilles, ridées et flétries, les mains rouges d'une fricoteuse, les mains jaunes et maladives d'un cachectique, lui inspirent un dégoût insurmontable.

Tel est le fait, dans toute sa simplicité. Avant de le compléter par de nouveaux détails, je tiendrais à marquer le point par lequel il sort de la psychologie normale. Ce qui lui donne, à mon avis, une empreinte pathologique, c'est que l'érection arrive par la seule contemplation de l'objet. Une excitation génitale aussi intense dépasse un peu le taux normal; mais ce n'est là, nous le verrons, qu'une différence de degré.

Quand une idée obsédante règne dans l'esprit d'une personne, on voit souvent une foule d'autres idées s'orienter autour de l'obsession, qui détermine consécutivement une modification considérable du caractère et de la personnalité de l'individu.

Chez le sujet dont je parle, la modification du caractère est peu profonde, parce que l'obsession n'est pas toute-puissante. Il a seulement une façon piquante de faire la cour à une femme: rien ne le désole comme le gant: quand il s'adresse à une femme gantée, c'est comme s'il faisait la cour à une femme voilée. Quand le gant est tiré, il n'a d'yeux que pour son objet de prédilection. Le prendre et l'embrasser sont ses plus grands plaisirs. Il en résulte que toute son attitude est, en général, celle d'un amoureux soumis plutôt que celle d'un amant impérieux. Le goût qu'il éprouve pour cette extrémité du membre supérieur l'a déterminé à en faire une étude anatomique approfondie. La dissection des muscles, des vaisseaux et des nerfs de la main n'a nullement fait évanouir le charme de l'objet aimé. Mais ce qui l'intéresse le plus, c'est la forme extérieure. Il lui suffit d'avoir vu une main pendant une minute pour ne jamais l'oublier. Il a, bien entendu, ses idées sur la beauté de cet organe. Ce qui est caractéristique, c'est qu'il n'aime pas les proportions exiguës que l'on recherche en général : on dit qu'il faut qu'une femme ait le pied et la main petits pour être belle ; le pied lui est égal, mais il veut que la main soit moyenne, et plutôt grande.

Il s'adonne à la chiromancie : ce n'est pas qu'il y croie beaucoup, mais il y trouve un prétexte commode pour voir des mains de femmes et les étudier dans leurs plus petits détails.

A ce sujet, il m'a encore communiqué une de ces observations qui ne peuvent être faites que par un malade intelligent. L'examen minutieux d'une main ne lui est pas aussi agréable qu'on pourrait le croire : elle lui cause toujours quelque déception, car la réalité reste toujours inférieure à l'image qu'il s'en était faite.

Nous connaissons tous cette supériorité de l'imagination sur la réalité : jamais une femme n'est aussi belle que lorsqu'elle nous apparaît dans nos rêveries et dans nos songes. On comprend un peu la conduite de cet amant dont parle Rousseau ; il s'éloignait de sa maîtresse pour avoir le plaisir de penser à elle et de lui écrire.

L'excitation sexuelle que produit chez M. R... la contemplation de l'objet est augmentée par tous les bijoux qui peuvent l'orner. Sur ma demande, il constate que ces bijoux, pris à part, ne lui deviennent pas complètement indifférents au point de vue sexuel. La vue d'un bracelet à la devanture d'un bijoutier, et mieux encore la vue d'une bague étincelant sur le fond de velours sombre d'un écrin lui font un sensible plaisir. Si nous ne nous trompons, nous voyons ici poindre une seconde perversion sexuelle, qui s'est greffée sur la première. Cette seconde perversion a pour objet des bijoux déterminés, c'est-à-dire des corps matériels et inanimés, comparables de tous points au bonnet de nuit et aux clous de bottines des premières observations. Seulement, chez M. R..., ce second fétichisme n'est encore qu'en germe. Il est facile de comprendre comment il s'est développé; c'est certainement par l'effet de l'association des idées. Le bijou, se trouvant souvent rapproché de l'objet de son culte, a bénéficié d'une association de contiguïté. Une liaison s'est formée dans l'esprit de M. R... entre la main féminine et les pierreries étincelant autour des doigts, le cercle d'or entourant le poignet; le sentiment sexuel, en se développant, a suivi cette association d'idées comme un canal qui a servi à son écoulement; et c'est ainsi que les bijoux — principalement les bagues — sont devenus peu à peu une cause distincte et indépendante de plaisir. Une association des idées, fréquemment répétée. peut donc être considérée comme l'explication légitime de ce fétichisme secondaire.

Revenons maintenant au fétichisme principal. Il a pour résultat d'isoler l'objet aimé. quand il n'est qu'une fraction de la personne totale : la partie devient. jusqu'à un certain point. un tout indépendant. Chez M. R.... cette individualisation d'une fraction de la femme n'est pas complète comme chez le malade de M. Ball : pour lui. la main ne résume pas la femme entière : il reste sensible à la beauté du visage. à la grâce de la taille et des attitudes. Rien ne lui est pénible comme le contraste d'une femme très laide qui a de très jolies mains.

Enfin. il s'agissait de rechercher quelle pouvait être. dans le passé du malade. l'origine de cette particularité sexuelle. Il m'affirma tout de suite que ce goût était chez lui extrèmement ancien, et qu'il ignorait complètement sous quelle influence il s'était développé.

Il se rappelait très distinctement que bien avant l'âge de la puberté il regardait avec curiosité les mains de ses amis; mais cette curiosité n'avait nullement un caractère sexuel; elle n'acquit ce caractère que plus tard. et graduellement, à mesure que la puberté s'avançait. A ce moment. une sélection se fit; la main masculine l'intéressa beaucoup moins que la main féminine.

Après sa confession. M. R... plaida avec beaucoup de chaleur cette thèse que le phénomène dont

il s'agit n'a rien de pathologique. Jamais la contemplation d'une main en plâtre ou en bronze, ou
d'une peinture ou d'une photographie de mains ne
lui a donné, dit-il, une érection. En somme, comme
il le remarque très justement, c'est la femme qu'il
aime et la femme seule. Son goût particulier ne
met absolument aucun obstacle aux rapports normaux. Je dois même ajouter, après lui, ce détail
extrèmement curieux qu'après des rapports très
répétés et poussés jusqu'à l'épuisement, il passe
des journées entières pendant lesquelles son goût
favori lui paraît être complètement évanoui. Ce fait
peut être ajouté à ceux qui montrent que la répétition des rapports normaux est, dans quelques cas,
le meilleur remède aux idées érotiques. Il se passe
ici une sorte de décharge : l'idée érotique s'épuise
dans la dépense du mouvement. Mais, quelque
temps après, au bout de plusieurs semaines de
continence, l'attrait sexuel caractéristique se reforme, et il est d'autant plus prononcé que la continence a duré plus longtemps.

J'étais curieux de savoir comment les choses
s'étaient passées dans l'intervalle, souvent assez
grand, qui s'écoule entre l'âge de la puberté et le
premier rapport sexuel. M. R... m'avoua que, pendant cette période, il s'était livré pendant longtemps à des espèces de rêvasseries amoureuses, dans
lesquelles son objet favori jouait le principal rôle.
Depuis qu'il a contracté l'habitude des rapports
sexuels réguliers, son goût s'est beaucoup affaibli.

En quel sens la perversion sexuelle dont il s'agit a-t-elle subi un affaiblissement ? Nous ne restons pas, sur ce point, dans le vague : grâce à la confidence de M. R.... nous pouvons constater qu'il existe une différence tranchée entre sa situation actuelle et sa situation passée. Autrefois, quand la perversion était dans tout son développement, l'idée érotique se présentait au malade spontanément, sans qu'il l'appelât et sans qu'elle fût suscitée par une excitation extérieure. Pendant qu'il était à sa table de travail, l'esprit occupé par une étude abstraite, il voyait tout à coup surgir dans son esprit l'image d'une main : ce n'était nullement une hallucination, c'était une image fixe, obsédante ; quelquefois, il se complaisait à l'admirer ; quand il voulait continuer son travail, il devait faire un effort pour chasser l'image importune. Aujourd'hui, les choses ont changé. L'image n'apparaît plus spontanément, automatiquement, sans cause psychique qui la provoque ; nous entendons par *cause psychique* une association d'idées par ressemblance ou par contiguïté. Pour que le sujet s'occupe de l'objet pour lequel il a un attrait si prononcé, il faut qu'il y soit sollicité directement par un mot, par une gravure ou par la vue d'une femme.

Cette distinction a été remarquée par quelques aliénistes dans l'évolution des idées fixes. M. Morselli a publié dans la *Rivista di freniatria* de 1886 l'histoire d'une malade qui était obsédée par l'envie de couper la langue à son enfant, à l'aide de ciseaux dont elle voyait son mari se servir tous les jours pour tailler de la viande à ses oiseaux. Dans les premiers temps, il fallait que la malade vit les ciseaux pour que l'idée fixe surgit; mais peu à peu cette idée fixe, devenant plus intense, se réveillait spontanément sans être provoquée par la vue de l'objet. Le réveil spontané de l'image suppose une intensité plus grande.

On voit tout de suite le côté intéressant de cette observation : c'est qu'il s'agit d'une perversion sexuelle qui s'est développée spontanément, en dehors de toute habitude de luxure, ainsi que le malade me l'a affirmé à plusieurs reprises. Cela prouve que l'hérédité a joué un rôle capital dans l'histoire de ce malade; mais l'hérédité n'a certainement fait que préparer le terrain; ce n'est pas elle qui peut avoir donné à l'impulsion sexuelle sa forme particulière.

Nous avons pris comme types les deux observations précédentes, parce qu'elles éclairent d'une vive lumière un genre spécial de fétichisme : il est clair que chaque partie du corps d'une personne peut devenir l'objet d'un fétichisme spécial. Magnan a étudié un malade qui était attiré vers la région fessière des femmes.

Dans les observations précédentes, nous voyons l'amant s'attaquer à une fraction du corps de sa bien-aimée. C'est encore ce fétichisme sans doute qui explique certains faits curieux que l'on voit se

reproduire à intervalles presque réguliers : un mari
épris de sa femme la garde chez lui en secret après
qu'elle est morte, la fait embaumer, la revêt de ses
plus belles toilettes, la décore de tous ses bijoux et
lui rend ainsi un véritable culte privé. C'est le sujet
de *la Femme gênante* de G. Droz. Il faut sans doute
faire un effort d'imagination pour comprendre ces
excès d'un amour posthume : mais on y arrive en
voyant que l'amour peut s'attacher, par association
d'idées, à des choses inertes et complètement pri-
vées d'âme, qui sont incapables de répondre à notre
affection. Supposons un homme qui adore dans le
corps de sa femme une partie quelconque qu'il a
toujours trouvée plus belle que le reste, par exemple
son oreille ou son nez. Eh bien ! l'idée qu'il peut
continuer, même après la mort de sa femme, à voir
ces objets adorés, qu'il peut les défendre contre la
décomposition, qu'il peut même leur communiquer
un semblant de vie, cette idée ne lui paraîtra nullement étrange ; elle est logique, au contraire ; car
puisqu'il aime un objet matériel, il doit pouvoir,
dans une certaine mesure, prolonger l'existence de
cet objet. C'est ainsi que nous expliquons ces faits
qui ont l'allure d'un conte d'Hoffmann.

En somme, il n'y a qu'une seule chose qui meure
d'une mort irréparable : c'est la pensée, c'est l'intelligence, c'est l'âme ; quant au corps, bien qu'il
soit formé d'une matière organique extrèmement
instable, on peut suspendre ou du moins masquer
sa décomposition au moyen d'un système perfec-

tionné d'embaumement qui est connu depuis la
plus haute antiquité. puisque l'Égypte du temps
de la dix-huitième dynastie nous a légué des ca-
davres qui grâce aux aromates et au bain de natron.
conservent encore une physionomie vivante.

Sans sortir de l'amour plastique. signalons l'*amour
des cheveux*. Tout le monde aime les beaux cheveux
longs et soyeux: on connaît le mot plaisant de
M. Poirier à sa fille : « Quand ta mère voulut aller
à l'Opéra. elle me le demanda le soir. en dérou-
lant ses cheveux : et je l'y conduisis dès le lendemain. » Chez les fétichistes. cet amour des cheveux
prend des proportions considérables et se trahit par
des actes extravagants. Quelques-uns. raconte
M. Macé. se faufilent dans la foule des grands maga-
sins de nouveautés et s'approchent des femmes ou
des jeunes filles dont les cheveux tombent en nappe
ou en natte sur les épaules. Munis de ciseaux. ils
coupent les soyeuses chevelures. L'un d'eux est
arrêté au moment où il vient de couper la natte
d'une jeune fille. Interrogé. il fait cette réponse
typique : « C'est une passion : pour moi. l'enfant
n'existe pas. ce sont ses beaux et fins cheveux qui
m'attirent... Je pourrais souvent les prendre tout de
suite... Je préfère suivre la fillette, gagner du temps.
C'est ma satisfaction. mon plaisir. Enfin. je me dé-
cide. je coupe l'extrémité des mèches frisées. et je
suis heureux.[1] »

1 *Un Joli Monde*. p. 268.

On remarquera en passant cet aveu important :
« Pour moi, l'enfant n'existe pas, ce sont ses cheveux qui m'attirent. » Voilà bien le fétichisme dans toute sa candeur.

« D'autres, continue M. Macé, vont d'une cohue à l'autre, hésitent et tournent longuement avant de s'arrêter. Leur choix fait, on les voit s'élancer sur une femme et lui embrasser follement les cheveux qui frisent sur la nuque... Puis, ils s'esquivent comme par enchantement, en faisant claquer bruyamment leur langue et en se léchant les lèvres pour savourer le goût que les petites *frisettes* à la couleur préférée viennent d'y laisser.

« Frisons d'or, frisons d'ébène, frisons d'argent, il y a beaucoup d'amateurs pour ces sortes de friandises. Ils préfèrent les cheveux relevés, qui dégagent bien la nuque, pour faire valoir le cou, et laisser en liberté les petites mèches mignonnes et agaçantes. Ils se contentent d'un rapide et furtif baiser [1]... » On voit, par ces exemples, combien notre sujet s'élargit et que de personnes il comprend. Il faut que le fétichisme amoureux soit bien répandu pour qu'il soit devenu familier, sous quelques-unes de ses formes, à des agents de police !

Nous venons de voir défiler devant nos yeux l'amant de l'œil, l'amant de la main, l'amant du cheveu. Nous allons étudier maintenant l'amant de quelque chose de plus subtil, qui n'est pas une

[1] *Un Joli Monde*, p. 265.

partie intégrante, mais plutôt une émanation de la
personne, l'*odeur*.

Le rôle des odeurs dans les phénomènes de
l'amour est bien connu. L'histoire naturelle nous
apprend qu'un certain nombre d'animaux sont por-
teurs de glandes dont la sécrétion, au moment du
rut, produit une odeur extrèmement pénétrante :
tels sont le musc, la civette, le castoreum. Comme
c'est souvent le mâle qui est porteur de l'organe
odorant, et que c'est le mâle qui poursuit la femelle,
on ne peut pas voir simplement dans l'odeur qu'il
répand un moyen de mettre la femelle sur sa piste
en trahissant sa présence ; il est plus probable que
l'odeur du mâle n'a d'autre but que de séduire la
femelle et de l'exciter à l'accouplement.

Dans l'espèce humaine, le rapport du sens de
l'odorat avec l'amour n'est pas moins étroit, et les
femmes de tous les temps ont toujours su que certains parfums ont une action puissante sur les sens
de l'homme. Nous voyons dans l'Ancien Testament
Ruth se couvrir de parfums pour plaire à Booz. On
sait aussi quel abus des parfums ont toujours fait
les femmes galantes de nos jours et les Laïs et les
Phryné de l'antiquité gréco-romaine.

Chez plusieurs races sauvages, la perception de
l'odeur d'une personne chérie produit un plaisir intense qui se manifeste dans des pratiques naïves.
Chez les Indiens des îles Philippines, dit Jagor, « le
sens de l'odorat est très développé : des amants, au
moment des adieux, échangent des morceaux de

linge qu'ils portent. et pendant leur séparation ils respirent l'odeur de l'être bien-aimé. en couvrant leur relique de baisers. » Chez la peuplade de Chittatong Hill. le baiser est remplacé par l'acte de flairer la joue (cité par Spencer. *Principes de sociologie.* IV⁰ partie).

Les odeurs naturelles du corps humain ne sont pas les seules qui produisent un effet excitant : les odeurs factices. fabriquées par la parfumerie. produisent chez beaucoup d'individus le même effet : notons que dans beaucoup de parfums artificiels on relève l'effet d'ensemble par un fragment de musc. de civette. ou de castoreum. matière empruntée à ce que Mantegazza appelle « les organes d'amour » de l'animal.

Passons maintenant au fétichisme, qui n'est que l'exagération d'un goût normal. Il y a lieu de remarquer que ce sont les odeurs du corps humain qui sont les causes responsables d'un certain nombre d'unions contractées par des hommes intelligents avec des femmes inférieures appartenant à leur domesticité. Pour certains hommes. ce qu'il y a d'essentiel dans la femme. ce n'est pas la beauté. l'esprit. la bonté. l'élévation de caractère. — c'est l'odeur : la poursuite de l'odeur aimée les détermine à rechercher une femme vieille, laide. vicieuse. dégradée. Porté à ce point. le goût de l'odeur devient une maladie de l'amour. Un homme marié, père de famille. qui ne peut pas sentir une certaine odeur de femme sans poursuivre cette femme dans

la rue, au théâtre ou n'importe où, est en général
classé par les aliénistes dans la grande catégorie
des impulsifs. Pour nous, qui considérons surtout
les faits de cet ordre sous l'angle de la psychologie,
nous voyons dans cette poursuite de l'odeur la
preuve d'un état mental particulier dans lequel une
seule des qualités de la femme poursuivie — l'odeur
— se détache des autres et devient prépondérante.

M. Féré a bien voulu me communiquer l'observation suivante qui se rapporte peut-être au fétichisme de l'odeur : Il a donné des soins à un malade qui présente un cas intéressant de fétichisme :
lorsque ce sujet rencontre une femme rousse dans
la rue, il la suit: peu importe que la femme soit
jolie ou d'une laideur repoussante, élégante ou en
guenilles, jeune ou vieille; il suffit qu'elle soit
rousse pour qu'il la suive et la désire. Le malade,
qui est un homme de lettres distingué, se rend bien
compte de cette impulsion morbide: il en connaît
l'origine psychologique: à ce qu'il prétend, son
goût caractéristique provient de ce que la première
femme qu'il a aimée était rousse. C'est donc une
association d'idées qui a produit chez ce sujet,
comme chez Descartes, la forme particulière du fétichisme. Ajoutons que si un phénomène aussi superficiel qu'une association d'idées a pu exercer
une influence aussi profonde sur l'état mental du
sujet, c'est parce qu'il s'agit d'un malade; l'amant
de la femme rousse est un héréditaire ; il présente
plusieurs symptômes physiques de dégénérescence.

Nous ignorons si, dans ce fétichisme, le culte s'adresse à l'odeur de la femme ou à la couleur fauve de ses cheveux.

Au sujet de l'action excitante des odeurs sur l'appareil sexuel, le Dr A... m'a rapporté le fait suivant qui a été observé sans idée préconçue. Un étudiant en médecine, M. D.... étant assis un jour sur un banc, dans un square, et occupé à lire un ouvrage de pathologie, remarqua que depuis un moment il était gêné par une érection persistante. En se retournant, il aperçut une femme rousse, qui était assise sur le même banc, mais de l'autre côté, et qui répandait une odeur assez forte. Il attribua à l'impression olfactive qu'il avait sentie sans en avoir conscience le phénomène d'excitation génitale.

Cette observation est intéressante, parce qu'elle montre que, chez certains sujets, l'odeur peut devenir directement une cause d'excitation, sans évoquer des souvenirs spéciaux[1].

L'amant de l'odeur présente au psychologue un intérêt tout particulier, car ce genre de fétichisme se rattache intimement à l'existence d'un type sensoriel : l'olfactif[2].

On comprend qu'un olfactif, qui, dans toutes les circonstances de sa vie, attache une grande valeur

---

[1] Interrogez, dit Mantegazza, un grand nombre d'hommes profondément sensuels, et ils vous diront qu'ils ne peuvent visiter impunément les fabriques d'essences et de parfums. (*Op. cit.*, p. 150.)

[2] Les renseignements suivants m'ont été donnés par le Dr A..., un olfactif. — Sur l'existence des autres types sensoriels, on peut consulter ma *Psychologie du Raisonnement*, ch. i[er]. Alcan, 1886.

à l'odeur des objets, qui, s'il est médecin, pourra reconnaître ou soupçonner une maladie, par exemple la fièvre typhoïde, à l'odeur dégagée par les malades, apportera les mêmes préoccupations olfactives dans ses relations amoureuses. Ainsi, il se souviendra distinctement de l'odeur propre à chaque femme qu'il a connue : une femme, fût-elle très jolie, ne lui plaira pas, si elle répand une odeur désagréable ; au contraire il se laissera séduire par une femme d'une figure insignifiante, mais dont l'odeur lui paraîtra délicieuse.

Tout cela se comprend comme une conséquence logique de la prédominance de l'odorat sur les autres sens ; mais si l'olfactif en arrive à ce point de ne tenir compte chez la femme que d'une chose : — l'odeur, on peut dire que c'est du fétichisme. Il n'y a là qu'une question de degré.

Les quelques faits réunis jusqu'ici suffisent déjà à montrer que l'amour n'est pas un sentiment banal, qui se présente chez tous avec des caractères uniformes. Chacun a sa façon propre d'aimer, comme de penser, comme de marcher, comme de respirer ; seulement, le plus souvent, ce que l'on montre au grand jour, ce sont les caractères spécifiques de la passion ; les nuances individuelles restent cachées au plus profond du cœur.

Après l'amant de l'odeur, vient *l'amant de la voix*.

Je n'ai pu réunir sur ce point qu'un très petit nombre de documents. M. Dumas a décrit, dans une nouvelle intitulée *la Maison du Vent*, un

2.

état psychologique assez particulier : il s'agit d'une femme qui s'est laissée séduire par la voix d'un ténor: le mari pardonne à sa femme et la sauve par où elle s'est perdue. en faisant agir sur elle les séductions de sa propre voix. J'ai demandé à M. Dumas si cette histoire reposait sur une observation vraie: il a bien voulu me répondre ceci : « La femme qui subissait le charme de la voix est réelle: seulement. elle n'était pas la femme de l'homme de *la Maison du Vent;* mais le fait n'en existe pas moins. J'ai réuni ces deux cas. voilà tout. Cette femme était une comédienne. sans grand talent d'ailleurs. qui s'était éprise d'un de mes confrères en entendant sa voix et sans le voir. Elle était dans le premier cabinet de Montigny. elle attendait qu'il eût fini de causer avec un auteur. la porte était ouverte. elle entendait les voix plus que les mots. Je me trouvais avec elle. et elle me disait : « Entendez-vous cette voix? Entendez-vous cette voix? » Et elle était en véritable extase. me faisant signe de me taire quand je voulais parler. La liaison s'est faite très vite. et a duré très longtemps[1]. »

Autre fait. On m'a rapporté qu'une personne ne peut entendre jouer au piano l'air du ballet de *Faust* (la nuit de Walpurgis) sans éprouver des phénomènes d'excitation génitale. Cette observation, malheureusement trop courte, nous permet de bien

---

[1] On lira aussi avec intérêt un roman de M. Belot intitulé *les Baigneuses de Trouville.* Je soupçonne que plusieurs mariages de cantatrices sont justiciables du fétichisme.

marquer le passage de l'état normal à l'état pathologique. Le caractère voluptueux attaché à ce morceau de musique tient évidemment au ballet qui
l'accompagne, ballet où l'on voit un essaim de
danseuses, belles, brillantes, décolletées, entourer
Faust et lui faire mille agaceries. Lorsqu'une personne assiste à ce spectacle, il se fait une association inconsciente dans son esprit entre l'audition
de la musique et la vue des danseuses. Supposons
qu'il s'agisse d'une personne hyperexcitable. Si on
joue devant elle au piano le ballet de la nuit de
Walpurgis, l'air lui *rappellera* complètement ce qui
se passait sur la scène, et ce souvenir sera assez
intense pour lui donner une impression de plaisir
génital. Ici, ce n'est pas la musique qui directement produit la réaction sexuelle, c'est le souvenir
visuel suggéré; mais supposons que ce souvenir
visuel s'efface peu à peu, disparaisse même complètement, et que l'audition du morceau continue
à produire la même impression sensuelle, on pourra
dire dans ce cas que cette musique a acquis la propriété d'agir directement sur le sens génital du sujet[1]. Les détails me manquent pour savoir au juste
si c'est là ce qui c'est passé dans l'observation qu'on
m'a rapportée: peu importe d'ailleurs: les deux cas
que nous venons d'essayer de distinguer, suivant

---

[1] Quelques auteurs ont prétendu que la musique est *immorale*.
Le motif secret de ce jugement, encore plus bizarre que sévère, se
trouve peut-être dans l'ordre de faits dont nous nous occupons
en ce moment.

que l'excitation musicale du sens génésique est directe ou indirecte, se fondent insensiblement l'un dans l'autre, et la difficulté qu'on éprouve à les distinguer est encore la meilleure preuve de leur parenté.

Nous venons de faire l'esquisse de plusieurs espèces de fétichisme. Il nous serait impossible de les énumérer toutes.

A un point de vue général, on peut dire que tout ce que la femme a inventé de parures et d'ornements, tout ce qu'elle a imaginé de joli, de curieux, de bizarre et d'insensé pour plaire à l'homme, et *vice versa*, a pu devenir l'occasion d'un fétichisme nouveau. Qui peut énumérer toutes les folies causées par une belle chevelure rouge, ou par le violent éclat d'une figure fardée?

Quant aux causes du fétichisme décrit jusqu'ici, elles sont difficiles à démêler. L'hérédité d'abord, comme préparation. Nous avons signalé une cause directe : le développement du sens de l'olfaction. Une autre cause plus générale mérite d'être citée, c'est l'association d'idées et de sentiment engendrée par la coutume. Qui ne connaît l'influence de la coutume sur notre appréciation de la beauté? A Pékin, une femme est belle quand elle déborde de graisse et que ses pieds sont trop petits pour marcher; à Java, quand elle a le teint jaune et les dents peintes en noir; à Taïti, quand elle a le nez écrasé. Il n'est même pas besoin d'aller chercher à l'autre bout du monde les preuves de la force de la cou-

tume sur nos sentiments et nos goûts. Chacun sait
que dans nos sociétés civilisées on préfère généralement « la distinction » à la beauté. Or, de quoi se
compose la distinction? De certains traits et de
certaines manières qu'on ne rencontre d'ordinaire
que dans les classes riches de la société [1]. Il y a, dit
Dumont, des nez qui deviennent à la mode uniquement parce qu'on les trouve sur le visage de gens
haut placés. Ici encore, c'est la coutume qui pétrit
les goûts : la coutume, c'est-à-dire les associations
d'idées qui se répètent fréquemment.

L'influence de l'association des idées sur l'histoire
sexuelle de certains malades n'est pas une hypothèse; elle apparaît à la lecture de quelques-unes
des observations précédentes. Notre étude sur ce
point aura donc une base matérielle [2].

Parmi les causes du fétichisme amoureux, on
pourrait signaler encore l'instinct de la génération.
Schopenhauer prétend que la recherche amoureuse
d'une forme particulière du corps est déterminée
par l'instinct de la génération : cet instinct, aussi
intelligent qu'inconscient, pousserait l'individu à
contracter une union propre à sauvegarder l'inté-
grité du type. C'est ainsi que les petits hommes ai-
meraient surtout les grandes femmes. Dans cette hypothèse, les faits de perversion s'expliqueraient par

[1] Dumont, *Théorie scientifique de la sensibilité*, p. 181; Spencer
Principes de psychologie, t. II, p. 661 et seq.

[2] Nous trouverons plus loin d'autres observations où le rôle de
l'association des idées est bien plus manifeste.

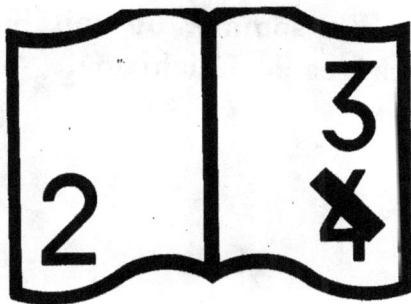

Pagination incorrecte — date incorrecte
NF Z 43-120-12

les déviations de cet instinct de sélection sexuelle.

Il y a certainement beaucoup de grandeur dans cette conception de l'instinct, considéré comme le génie qui veille à la conservation de la pureté de l'espèce. L'explication du reste ne nous parait pas invraisemblable. Malheureusement, ce sujet est encore si obscur qu'il vaut mieux l'abandonner pour le moment à la poésie et au roman. On ne connait rien de bien net sur les *affinités électives.*

En somme, on sait bien peu de choses sur les causes du fétichisme.

CHAPITRE II

Dans tous les genres de fétichisme passés en revue jusqu'ici. le culte s'adresse à une fraction de la personne, ou à une émanation de la personne. Dans les exemples qui vont suivre. le culte s'adresse à un simple objet matériel. Nous nous enfonçons dans la pathologie.

Il n'est pas difficile de montrer que l'amour normal conduit à une certaine recherche des objets matériels. Les preuves de cette idolàtrie amoureuse qui. plus que toute autre. mérite le nom de fétichisme. pourraient être fournies par la lecture du premier roman venu. Mantegazza. parlant des « sublimes puérilités de l'amour ». dit que « dans le reliquaire de l'amour il y a place pour les choses les plus gracieuses comme les plus grossières. « J'avais un ami. ajoute-t-il, qui pleurait de joie et d'attendrissement durant des heures en contemplant et en baisant un fil de soie qu'*elle* avait tenu dans ses mains, et qui était pour lui son unique relique d'amour. Il y en a qui ont dormi pendant des mois et des années avec un livre, une robe, un châle [1]. »

Les objets matériels de ce culte de l'amour sont surtout aimés parce qu'ils rappellent une personne : ils ont donc principalement une valeur d'emprunt.

Dans d'autres cas, on voit la chose inerte acquérir une sorte d'indépendance ; elle est aimée non plus pour la personne dont elle évoque l'image, mais pour elle-même. On sait que beaucoup de très jeunes gens s'éprennent de passion pour une femme sculptée ou peinte. De jeunes prêtres éprouvent une vague tendresse pour la statuette de la Vierge qui reçoit leurs prières. Tous ces faits sont connus et décrits dans plusieurs romans.

Comme contribution à l'étude de l'amour des choses inertes, nous avons recueilli une observation assez complète sur l'*amant du costume*. Avant de présenter cette observation, il convient de la préparer en rappelant que nul n'est indifférent à ce que la personne qu'il aime soit bien habillée et bien parée. Parlant de l'amour, notre vieux Mon-

---

[1] *Physiologie de l'amour*, p. 140. M. Gley rappelle que les hommes sensuels ne peuvent pas voir, sans être fortement excités, les linges qui constituent ce qu'on appelle dans la langue galante les « dessous » d'une femme. C'est un fait du même genre que ceux du texte ; seulement, il est infiniment moins poétique.

taigne dit que « certes, les perles et le brocadel
(le brocart) y confèrent quelque chose, et les tiltres
et le train. » Rousseau, plus explicite encore,
avoue que les couturières, les filles de chambre,
les petites marchandes ne le tentaient guère ; il lui
fallait des demoiselles. « Ce n'est pourtant pas du
tout la vanité de l'état et du rang qui m'attire, c'est
la volupté : c'est un teint mieux conservé... une robe
plus fine et mieux faite, une chaussure plus mi-
gnonne, des rubans, de la dentelle, des cheveux
mieux ajustés. Je préférerais toujours la moins
jolie ayant plus de tout cela. » Avec sa précision
habituelle, Rousseau a marqué le point important
de cette prédilection, quand il dit qu'il n'y a pas là
une affaire de vanité, mais de volupté. Ce dernier
trait ne doit pas être oublié : il servira d'introduction à l'observation suivante, curieuse à plusieurs
titres.

Il s'agit d'un magistrat distingué, M. L.... dont
nous avons reçu les confidences : ce malade ressent une affection toute particulière pour les femmes
qui portent un certain costume ; ce costume moitié
national et moitié fantaisiste, est celui qu'adoptent
à Paris les Italiennes qui servent de modèles. La
seule vue d'un de ces costumes passant dans la
rue lui procure une excitation génitale assez intense. Il rapporte l'origine de ce phénomène à
une rencontre qu'il fit à seize ans, et qui le bou-
leversa complètement : il aperçut dans la rue trois
jeunes Italiennes d'une éclatante beauté : elles s'ar-

rêtèrent près de lui pour regarder une devanture
de magasin. Pendant une minute, il eut un tableau
magique sous les yeux : un rayon de soleil éclai-
rait les brillantes couleurs rouges, bleues et blanches
de leur costume, et faisait étinceler l'or de leurs
colliers et de leurs boucles d'oreilles. Il a gardé de
cette scène un souvenir si lumineux et si vivant
qu'il tressaille encore y pensant. Cette circonstance a décidé de ses goûts. Pour lui, il n'y a que
les Italiennes qui soient jolies, il n'y a que le costume italien qui soit élégant. Aujourd'hui devenu
un homme grave et sérieux, lorsqu'il voit passer
dans la rue une Italienne en costume, il ne peut
pas s'empêcher de la suivre; la vue de sa robe
rouge et de son tablier bleu lui cause un plaisir
indicible, et pour peu qu'elle soit jeune et jolie, il
est tout tremblant d'émotion. A une certaine
époque, il était allé se loger dans le voisinage de
la rue de Jussieu, où les modèles italiens de Paris ont
établi leur quartier général. Il m'enviait souvent de
pouvoir voir de près les Italiennes qui posaient
comme modèles chez un peintre de ma famille.

Ce goût particulier a pour objet, non telle femme
mais le costume, car toute femme qui porte ce costume provoque chez lui la même impression : il
s'agit donc là d'un cas de fétichisme où le culte
s'adresse presque uniquement à un objet matériel.

Il faut seulement que le costume soit revêtu par
une femme; le costume seul, pendu à une patère
ou posé sur un mannequin, ne détermine pas chez

le malade des phénomènes d'excitation génitale ;
il n'éprouve, comme il m'en a fait l'aveu, qu'un
plaisir très modéré à le regarder.

Cette observation nous montre une tendance incomplète à l'adoration exclusive d'un objet matériel.
L'attrait sexuel pour un corps inerte n'a pas acquis
une entière indépendance.

M. Macé décrit les allures de certains individus,
qui volent des mouchoirs aux dames, par amour.
Quand un de ces individus, dit-il, vient de prendre
un mouchoir, il le passe sur ses lèvres avec un
mouvement de passion, il en aspire le parfum, et
se retire en titubant comme un homme ivre. On
trouva dans la chambre d'un tailleur, arrêté dans
ces circonstances, plus de 300 mouchoirs brodés à
diverses initiales. Les agents de police savent bien
que ces voleurs de mouchoirs ne sont pas de vulgai-
res pickpockets ; cependant les tribunaux les con-
damnent assez souvent. ce qui tient au voisinage
du porte-monnaie (p. 269).

Ces observations nous acheminent vers celles
auxquelles nous avons déjà fait allusion au commencement de nos études. Nous voulons parler de
ces dégénérés qui adorent les clous de bottine, ou
les tabliers blancs, ou les bonnets de nuit [1].

Parfois la perversion de ces sujets est si accusée
qu'elle ne laisse pas place à des rapports sexuels
normaux. L'amant du bonnet de nuit reste impuis-

---

[1] Charcot et Magnan, *Arch. de Neurol.*, 1882.

sant auprès de sa jeune femme jusqu'au moment
où il se représente fortement l'image d'un bonnet
de nuit. Quant au sujet dont l'affinité sexuelle se
porte sur les clous de souliers de femme, son
obsession donne lieu à quelques autres conséquence logiques. Il cherche à voir les clous de bottine de femme : il examine avec soin leur trace
dans la neige ou sur la terre humide : il écoute le
bruit qu'ils font sur le pavé de la rue ; il trouve un
plaisir ardent à répéter des mots qui sont destinés
à aviver l'image de ces objets : ainsi. il se complaît
dans l'expression : « *Ferrer* une femme. » Comme
il arrive presque toujours. ce malade s'adonne à la
masturbation qui joue ici le rôle de caisse de réson-
nance ; car. pendant ces pratiques. il pense à ses
clous avec toute l'intensité que l'excitation génitale
peut donner à l'imagination. Un jour on l'arrêta
dans la rue pendant qu'il se livrait à son vice habituel devant la devanture d'un cordonnier. Le troisième malade. qui recherche les tabliers blancs,
donne lieu. lui aussi à une observation curieuse ;.
il a trouvé son Sosie dans un autre malade, un Italien observé par le Dr Lombroso ; le dégénéré italien a exactement le même appétit pour les tabliers
blancs que le dégénéré français ; seulement. chez
lui, l'obsession. d'abord fixée sur les tabliers
blancs, s'est étendue progressivement à tous les
objets blancs ; un linge flottant. et même un mur
blanchi à la chaux suffisent à provoquer la réaction
sexuelle.

Essayons de faire, en psychologue, l'examen de ces trois observations pathologiques. Les cas de fétichisme que nous venons de décrire appartiennent évidemment à la même famille : la différence de leur objet a peu d'importance, on peut même dire qu'elle n'en a aucune. S'il fallait classer les impulsions morbides d'après la nature de leur objet, il faudrait, comme M. Gley le remarque avec esprit, faire de la tendance au vol, de la kleptomanie, un délire partiel et spécial. « Ce serait tomber dans le ridicule, puisque, dans cette monomanie même, il faudrait créer des sous-espèces, comme le montre une observation de M. Lunier, où il s'agit d'une hystérique qui volait exclusivement des cuillers : on pourrait donc ironiquement distinguer la cochléaromanie [1]. »

Passons maintenant à l'étude des causes, que nous avons déjà effleurée dans le chapitre précédent. Dans ce domaine l'hérédité reste, comme on l'a appelée, la cause des causes : c'est elle qui prépare le terrain où la maladie de l'amour doit germer et grandir. Mais l'hérédité, à notre avis, n'est pas capable de donner à cette maladie sa forme caractéristique ; quand un individu adore les clous de bottine, et un autre les yeux de femme, ce n'est pas l'hérédité qui est chargée d'expliquer pourquoi leur obsession porte sur tel objet plutôt que sur tel autre. On peut supposer à la rigueur que les

[1] Gley, *Rev. philosoph.*, janvier 1884.

malades naissent avec une prédisposition toute formée. les uns pour les tabliers blancs, les autres
pour les bonnets de nuit. Mais quand même on
admettrait cette hypothèse. elle ne dispenserait pas
d'expliquer comment la perversion transmise par
l'hérédité a été acquise chez les générateurs; l'hérédité n'invente rien, elle ne crée rien de nouveau;
elle n'a pas d'imagination. elle n'a que de la mémoire. On l'a appelée à juste titre la mémoire de
l'espèce. Aussi ne résout-elle pas le problème, elle
ne fait que le déplacer.

Il y a de fortes raisons de supposer que la forme
de ces perversions est jusqu'à un certain point
acquise et fortuite. Ainsi que nous le montrerons
tout à l'heure, il s'est produit dans l'histoire de
ces malades un accident qui a donné à la perversion
sa forme caractéristique. Il est bien entendu qu'une
circonstance aussi fortuite ne joue un rôle aussi
capital que parce qu'elle a impressionné un dégénéré. Un homme sain subit tous les jours des influences analogues. sans devenir pour cela l'amant
des clous de bottine.

A cet égard, il est permis de rapprocher des
observations précédentes d'autres observations encore plus curieuses, faisant en quelque sorte partie
de la même formule pathologique. Signalés d'abord
par Wesphall et d'autres en Allemagne[1], ces faits
ont été mis en lumière en France par une obser-

---

[1] Westphall. *Arch. fur Psychiatrie*. 1870 et 1876. Krafft-Ebing.,
ibid., 1877.

vation magistrale de MM. Charcot et Magnan[1].
Westphall appelle ces faits : *Contrare Sexualempfin-
dung* (sens sexuel contraire). Charcot et Magnan
emploient le terme d'*inversion sexuelle*. Dans tous
les cas. il s'agit d'une attraction d'une personne
pour les personnes du même sexe. L'observation de Charcot est d'autant plus frappante qu'il
s'agit d'un homme instruit. intelligent. professeur de Faculté, se rendant parfaitement compte
de son état. et l'analysant avec une grande pro-
fondeur.

On a considéré ces cas comme de véritables *lusus
naturæ*. M. Ribot. qui en dit un mot dans ses *Maladies de la personnalité*. les déclare inexplicables.
Westphall considère que dans la sexualité contraire
« une femme est physiquement femme. et psychiquement homme. un homme au contraire est physiquement homme. et psychiquement femme ». Si
cette expression est simplement une comparaison
littéraire. nous y souscrivons : elle nous paraît
ingénieuse et brillante. Mais il ne faut pas la
prendre à la lettre: car. dans ce cas. elle est radi-
calement fausse. Nous croyons qu'on ne doit pas
attacher ici une importance trop grande à la
forme de la perversion; c'est la perversion elle-
même qui est le fait caractéristique. et non l'objet
vers lequel elle entraîne le malade. C'est ce que
nous avons dit plus haut au sujet des perversions

[1] *Arch. de Neurol.*, 1882. numéros 7 et 12.

où le malade recherchait des corps inanimés. Ainsi l'inversion génitale nous paraît être une perversion tout à fait du même ordre. C'est une circonstance extérieure, un événement fortuit, oublié sans doute, qui a déterminé le malade à poursuivre des personnes de son sexe : une autre circonstance, un autre événement auraient changé le sens du délire, et tel homme qui aujourd'hui n'aime que les hommes, aurait pu, dans un milieu différent, n'aimer que les bonnets de nuit ou les clous de bottine.

Ce qui prouve que toutes ces perversions appartiennent à la même famille, c'est qu'elles constituent des symptômes d'un même état pathologique: il s'agit dans tous les cas de dégénérés, présentant comme les observations prises l'attestent, des stigmates physiques et mentaux très nets et une hérédité morbide très chargée. Aussi quelques auteurs n'ont-ils pas hésité à ranger tous ces faits dans le même cadre.

On peut objecter cependant que la sexualité, qui, à l'état normal, dépend de la conformation anatomique et des éléments nerveux associés à l'organe est peut-être un fait trop important pour que des circonstances accidentelles puissent le modifier du tout au tout et l'intervertir. Mais cette objection ne nous arrête pas. Sans nous attarder à faire remarquer que, dans les autres perversions sexuelles qui ont pour objet des corps inanimés, la modification est beaucoup plus profonde, et qu'elle est cependant produite par des événements extérieurs.

nous nous bornerons simplement à rappeler les
observations faites sur des hermaphrodites : elles
sont péremptoires. Un certain nombre de fois,
comme l'atteste entre autres Tardieu[1], une erreur
a été commise sur le sexe réel d'un hermaphrodite
apparent : or l'habitude et les occupations imposées
par le sexe erroné ont le plus souvent déterminé
les goûts du sujet. Pris pour un homme, tel hermaphrodite s'est comporté sexuellement comme un
homme.

Si l'inversion sexuelle résulte, comme nous le
pensons, d'un *accident* agissant sur un sujet prédis-
posé, il n'y a pas plus de raison d'attacher une
grande importance au fait même de l'inversion
qu'à l'objet quelconque d'une autre perversion
sexuelle.

Recherchons donc l'accident qui a joué un rôle
si grave dans l'histoire pathologique de ces sujets.
Le plus souvent les sujets interrogés ne savent à
quelle cause rapporter l'origine de leur aberration,
soit que le souvenir du fait ait été effacé par le
temps, soit que le fait n'ait jamais été remarqué,
soit enfin que le médecin n'ait pas songé à diriger
son interrogatoire dans ce sens. Cependant quelques-unes des observations renferment sur ce point
des détails de la plus grande importance, qui
comblent les lacunes des autres observations.

D'après une remarque faite par tous les médecins,

---

[1] Tardieu et Laugier. *Dict. de med.*, art. *Hermaphrodisme.*

3.

les débuts de la perversion sexuelle sont toujours précoces, et c'est une raison à ajouter aux autres pour expliquer comment tant de malades ne se rappellent pas exactement ce que j'appellerai brièvement l'accident.

Le jeune amant du bonnet de nuit raconte qu'à l'âge de cinq ans il couchait dans le même lit qu'un de ses parents, et que lorsque celui-ci mettait son bonnet de nuit, il avait une érection persistante. Vers la même époque, il voyait se déshabiller une vieille servante, et quand elle se mettait sur la tête une coiffe de nuit, il se sentait aussi très excité et avait une érection. De ce témoignage il résulte clairement que l'obsession dont il s'agit a une origine très ancienne, puisqu'à cinq ans la vue du bonnet fatidique produisait déjà son effet. Mais on peut en conclure aussi un autre fait, moins bien prouvé, mais très vraisemblable : c'est que l'enfant sentait vers le soir des phénomènes d'excitation sexuelle, et que ces phénomènes se sont associés à la vue d'une vieille femme se coiffant d'un bonnet de nuit, parce que les deux faits ont souvent coïncidé. Une coïncidence de deux faits, une association mentale formée à la suite, à un âge où toutes les associations sont fortes, et chez un enfant dont le système nerveux est déséquilibré, voilà la source de l'obsession.

Dans le cas où l'obsession a trait aux tabliers blancs, l'histoire du malade peut être reconstituée : « A quinze ans, il aperçoit, flottant au soleil, un

tablier qui séchait, éblouissant de blancheur; il
approche, s'en empare, serre les cordons autour de
sa taille, et s'éloigne pour aller se masturber derrière une haie. » Ici encore nous trouvons une
coïncidence entre l'excitation génitale et un fait
extérieur : la coïncidence se change en association
d'idées, et l'association, établie sur un terrain de
choix, chez un dégénéré, devient tyrannique, obsédante : elle déterminera toute l'histoire sexuelle
subséquente du malade.

Dans l'observation de sexualité contraire publiée
par MM. Charcot et Magnan, on discerne bien qu'il
s'est passé quelque événement semblable, mais le
fait est moins net. « Ma sensualité, dit le malade,
s'est manifestée dès l'âge de six ans, par un violent
désir de voir des garçons de mon âge ou des
hommes nus. Ce désir n'avait pas grand'peine à se
satisfaire car mes parents habitaient près d'une
caserne, et il m'était facile de voir des soldats se
livrant à l'onanisme. » On voit que, d'après le
malade, la vue des soldats n'aurait pas joué le rôle
de cause; il aurait recherché ce spectacle parce
qu'il avait déjà l'amour de l'homme. Malheureusement les médecins n'ont pas suffisamment insisté
sur ce point; il s'agissait peut-être là aussi, comme
chez les sujets précédents, d'une première coïncidence qui avait déterminé la forme de la perversion.

Dans les observations précédentes, on vient de
voir qu'un accident, qui par lui-même est tout à

fait insignifiant, est parvenu à se graver en traits profonds et indélébiles dans la mémoire de ces malades.

Un résultat aussi considérable a lieu de surprendre, car, en général, ce ne sont pas les idées, ni les perceptions qui modifient profondément l'organisme. Les modifications qui durent ne proviennent pas d'en haut, du domaine des idées : elles procèdent au contraire de bas en haut, en remontant du domaine des instincts, des sentiments et des impressions inconscientes. Cette toute-puissance d'une association d'idées, d'une simple opération intellectuelle nous paraît être suffisante pour caractériser un état morbide. Cet état, en somme, ressemble par plus d'un côté à l'état hypnotique où nous voyons l'esprit du patient accessible à toutes les idées qu'on lui suggère : l'idée, qui est normalement un produit, un résultat dernier, une floraison, devient dans les conditions artificielles de l'hypnose la cause initiale de changements profonds ; elle produit l'hallucination, l'impulsion motrice, la perte de sensibilité, la paralysie ; elle produit même des modifications organiques, des élévations ou des abaissements de température, des rubéfactions et jusqu'à des sueurs de sérosité et de sang. On n'a pas encore remarqué suffisamment à quel point ces faits sont le contre-pied de l'évolution psychique normale, qui va de bas en haut et non de haut en bas.

CHAPITRE III

Le culte du fétichiste ne s'adresse pas toujours à une fraction du corps d'une personne vivante ou à un objet inerte : il peut se porter sur autre chose, sur une qualité psychique.

Une importante observation, due à J.-J. Rousseau, fera la lumière sur cette forme raffinée du fétichisme amoureux.

Le fait relaté par Rousseau se rapporte au temps où il fut mis en pension à Bossey, chez le ministre Lambercier, pour y apprendre le latin. Il avait alors huit ans. Notons tout de suite que les perversions sexuelles se forment de bonne heure.

« Je me souviendrai toujours, dit-il, qu'au temple, répondant au catéchisme, rien ne me troublait plus, quand il m'arrivait d'hésiter, que de voir sur le visage de Mlle Lambercier des marques d'inquiétude et de peine. » — Mlle Lambercier, sœur du ministre, avait alors une trentaine d'années. « Cela seul m'affligeait plus que la honte de manquer en public, qui m'affectait pourtant

extrêmement, car, quoique peu sensible aux
louanges, je le fus toujours beaucoup à la honte ;
et je puis dire ici que l'attente des réprimandes de
Mlle Lambercier me donnait moins d'alarmes que
la crainte de la chagriner.

« Cependant elle ne manquait pas au besoin de
sévérité, non plus que son frère, mais comme cette
sévérité, presque toujours juste, n'était jamais
emportée, je m'en affligeais et ne m'en mutinais
point...

« Comme Mlle Lambercier avait pour nous l'affection d'une mère, elle en avait aussi l'autorité,
et la portait quelquefois jusqu'à nous infliger la
punition des enfants quand nous l'avions méritée.
Assez longtemps, elle s'en tint à la menace, et
cette menace d'un châtiment, tout nouveau pour
moi, me semblait très effrayante, mais après l'exé-
cution, je la trouvai moins terrible à l'épreuve que
l'attente ne l'avait été, et ce qu'il y a de plus
bizarre est que ce châtiment m'affectionna davantage encore à celle qui me l'avait imposé. Il fallait
même toute la vérité de cette affection et toute ma
douceur naturelle pour m'empêcher de chercher le
retour du même traitement en le méritant, car
j'avais trouvé dans la douleur, dans la honte
même, un mélange de sensualité qui m'avait laissé
plus de désir que de crainte de l'éprouver derechef
de la même main. Il est vrai que, comme il se mêlait
sans doute à cela quelque instinct précoce du sexe,
le même châtiment reçu de son frère ne m'eût point

du tout paru plaisant. Mais, de l'humeur dont il était, cette substitution n'était guère à craindre, et si je m'abstenais de mériter cette correction, c'était uniquement de peur de fâcher Mlle Lambercier...

« Cette récidive, que j'éloignais sans la craindre, arriva sans qu'il y eût de ma faute, c'est-à-dire de ma volonté, et j'en profitai, je puis dire, en sûreté de conscience. Mais cette seconde fois fut aussi la dernière, car Mlle Lambercier, s'étant sans doute aperçue à quelque signe que ce châtiment n'allait pas à son but, déclara qu'elle y renonçait, et qu'il la fatiguait trop. Nous avions jusque-là couché dans sa chambre, et même en hiver quelquefois dans son lit. Deux jours après, on nous fit coucher dans une autre chambre, et j'eus désormais l'honneur, dont je me serais bien passé, d'être traité par elle en grand garçon. »

— Arrêtons un moment la narration de l'auteur. Il importe de souligner avec quelle précision Rousseau indique la genèse de la perversion sexuelle dont il va maintenant exposer les détails. Ce qui a donné naissance à cette perversion, ou du moins ce qui lui a donné sa forme, c'est un événement fortuit, un accident : la correction reçue des mains d'une demoiselle. En termes psychologiques, on peut dire que cette perversion est née d'une association mentale.

« Qui croirait que ce châtiment d'enfant, reçu à huit ans par la main d'une fille de trente, a décidé de mes goûts, de mes désirs, de mes passions, de moi pour le reste de ma vie, et cela précisément dans le sens contraire à ce qui devait s'ensuivre naturellement ?... Tourmenté longtemps, sans savoir de quoi, je dévorais d'un œil ardent les belles personnes : mon imagination me les rappelait sans cesse, uniquement pour les mettre en œuvre à ma mode, et en faire autant de demoiselles Lambercier. »

— Soulignons encore en passant ce travail de l'imagination, que nous étudierons plus loin sous le nom de *rumination érotique des fétichistes*.

« Même après l'âge nubile, ce goût bizarre, toujours persistant et porté jusqu'à la dépravation, jusqu'à la folie, m'a conservé les mœurs honnêtes(?) qu'il semblerait avoir dû m'ôter. Si jamais éducation fut modeste et chaste, c'est assurément celle que j'ai reçue... Non seulement je n'eus jusqu'à mon adolescence aucune idée distincte de l'union des sexes, mais jamais cette idée confuse ne s'offrit à moi que sous une image odieuse et rebutante...

« Ces préjugés de l'éducation, propres par euxmêmes à retarder les premières explosions d'un tempérament combustible, furent aidés par les diversions que firent sur moi les premières pointes de la sensualité. N'imaginant que ce que j'avais senti, malgré des effervescences de sang très incommodes, je ne savais porter mes désirs que vers l'espèce de volupté qui m'était connue, sans aller jamais jusqu'à celle qu'on m'avait rendue haïssable, et qui tenait de si près à l'autre sans que j'en eusse le moindre soupçon. Dans mes sottes fantaisies, dans mes érotiques fureurs, dans les actes extravagants auxquels elles me portaient quelquefois, j'empruntais imaginairement le secours de l'autre sexe, sans penser jamais qu'il fût propre à nul autre usage qu'à celui que je brûlais d'en tirer. » C'est ainsi que, « avec un sang brûlant de sensualité presque dès ma naissance, je me conservai pur de toute souillure jusqu'à l'âge où les tempéraments les plus froids et les plus tardifs se développent ».

— Nous verrons qu'habituellement le fétichisme, quand il est poussé à l'extrême, tend à produire la continence. C'est ce qui s'est réalisé pour Rousseau. D'après ses *Confessions*, il a joué avec l'amour dès ses premières années, mais il est resté continent jusqu'à trente ans passés. Encore a-t-il fallu, pour mettre un terme à sa continence, que la belle Mme de Warrens, qu'il appelait maman, le prît un jour à part, et lui proposât gravement de le traiter en homme afin de l'arracher au péril de sa jeunesse. Elle lui donna huit jours pour réfléchir à sa proposition ; et, quoiqu'il n'ait pas eu la sottise de la repousser, il chercha tout de bon dans sa tête, à ce qu'il raconte, « un honnête moyen d'éviter d'être heureux ».

Remarquons encore cette singulière prétention de Rousseau de se croire garanti contre toutes les souillures par le fait de sa perversion. Il n'avait cependant conservé que la chasteté du corps, et cette chasteté-là n'a pas beaucoup de valeur, quand celle de la pensée est perdue.

« Non seulement donc, c'est ainsi qu'avec un tempérament très ardent, très lascif, très précoce, je passai toutefois l'âge de puberté sans désirer, sans connaître d'autres plaisirs des sens que ceux dont Mlle Lambercier m'avait très innocemment donné l'idée ; mais quand enfin le progrès des ans m'eut fait homme, c'est encore ainsi que ce qui devait me perdre me conserva. Mon ancien goût d'enfant, au lieu de s'évanouir, s'associa tellement à l'autre, que je ne pus jamais l'écarter des désirs allumés par mes sens ; et cette folie, jointe à ma timidité naturelle, m'a toujours rendu très peu entreprenant près des femmes, faute d'oser tout dire ou de pouvoir tout faire, l'espèce de jouissance dont l'autre n'était pour moi que le dernier terme ne pouvant être usurpée par celui qui la désire, ni devinée par celle qui peut l'accorder. J'ai passé ainsi ma vie à convoiter et à me taire auprès des personnes que j'aimais le plus. N'osant jamais déclarer mon goût, je l'amusais du moins par des rapports qui m'en conservaient l'idée. Être aux genoux d'une maîtresse impérieuse, obéir à ses ordres, avoir des pardons à lui demander, étaient pour moi de très douces jouissances ; et plus ma vive imagination m'enflammait le sang, plus j'avais l'air d'un amant transi. On conçoit que cette façon de faire l'amour n'amène pas des progrès bien sensibles, et n'est pas fort dangereuse à la vertu de celles qui en sont l'objet. J'ai donc fort peu possédé. mais je n'ai pas laissé de jouir beaucoup. à ma manière. c'est-à-dire par l'imagination. Voilà comment mes sens. d'accord avec mon humeur timide et mon esprit romanesque. m'ont conservé des sentiments purs et des mœurs honnêtes. »

Encore la même prétention bizarre à la chasteté.

« On peut juger de ce qu'ont dû me coûter de semblables aveux. parce que. dans tout le cours de ma vie. emporté quelquefois près de celles que j'aimais par les fureurs d'une passion qui m'ôtait la faculté de voir. d'entendre. hors de sens. et saisi d'un tremblement convulsif dans tout mon corps. jamais je n'ai pu prendre sur moi de leur déclarer ma folie. et d'implorer d'elles. dans la plus intime familiarité. la seule faveur qui manquait aux autres. Cela ne m'est jamais arrivé qu'une fois dans l'enfance avec une enfant de mon âge. encore fut-ce elle qui me fit la première proposition [1]. »

Nous avons reproduit presque *in extenso* cette observation. que Jean-Jacques s'est laissé allé à conter le plus longuement possible. afin de prolonger son plaisir. Ce sont là d'admirables pages de psychologie. Jamais un sujet n'a décrit une maladie psychique avec plus de finesse et de pénétration. Pour ma part, je tiens cette auto-observation pour capitale ; elle me paraît absolument sincère. car on

---

[1] *Confessions*. partie I, livre I.

n'invente pas ces choses-là. quand on n'en a pas
la clef : d'ailleurs l'analyse y reconnaît un grand
nombre de détails qui sont caractéristiques du fétichisme amoureux. et que nous retrouverons tout
à l'heure chez d'autres malades. Le grand mérite
de cette observation est d'être complète : rien n'est
laissé dans l'ombre : tout est clair. tout se tient,
tout est logique.

Avant d'aller au fond des choses. il faut faire
une remarque superficielle : c'est que si Rousseau
ne s'était pas décidé à l'étonnant aveu qu'on vient
de lire. le lecteur des *Confessions* ne se serait pas
douté un seul moment du singulier goût de Rousseau pour les maîtresses impérieuses. On peut lire
l'histoire de ses amours avec Mme de Warrens.
avec Mme de Larnage et tant d'autres ; aucun
détail ne trahit son goût particulier. malgré le
désir qu'il paraît avoir eu de tout dire avec la plus
entière franchise. C'est une preuve évidente que
les *dessous* de la passion restent presque toujours
ignorés.

Cependant cette histoire de Mlle Lambercier a eu
pour épilogue une aventure que Rousseau trouve
plaisante et comique. Il raconte qu'en 1728 il allait
chercher des allées sombres. des réduits cachés.
où il pût s'exposer de loin aux personnes du sexe
dans l'état où il aurait voulu être auprès d'elles.
« Ce qu'elles voyaient. dit-il. n'était pas l'objet
obscène, je n'y songeais même pas, c'était l'objet
ridicule. Le sot plaisir que j'avais de l'étaler à

leurs yeux ne peut se décrire. Il n'y avait de là
plus qu'un pas à faire pour sentir le traitement
désiré, et je ne doute pas que quelque résolue ne
m'en eût, en passant, donné l'amusement, si j'eusse
eu l'audace d'attendre. » Un jour, un homme, le
voyant dans cette posture, lui donna la chasse.
De nos jours, on appelle cela de l'*exhibitionisme*.

Ce que le cas de Rousseau offre de bien particulier, c'est l'objet de son obsession. Nous avons
vu jusqu'ici des obsessions entraînant les malades
vers des parties matérielles du corps d'une personne. Ici, l'objet de l'obsession n'est pas purement
matériel, il est en même temps psychique. Ce qu'aime
Rousseau dans les femmes, ce n'est pas seulement
le sourcil froncé, la main levée, le regard sévère,
l'attitude impérieuse, c'est aussi l'état émotionnel
dont ces faits sont la traduction extérieure : il aime
la femme fière, dédaigneuse, l'écrasant à ses pieds
du poids de sa royale colère. Qu'est-ce que tout
cela, sinon des faits psychologiques ? Il est donc
permis d'en conclure que le fétichisme peut avoir
pour objet non seulement la belle matière, mais
encore l'esprit, l'âme, l'intelligence, le cœur, en un
mot, une qualité psychique.

L'observation de Rousseau est si lumineuse
qu'elle ne laisse aucun doute dans l'esprit sur la
véritable signification du phénomène. Cette variété
d'amour, qu'on pourrait appeler l'*amour spiri-
tualiste*, pour l'opposer à l'amour plastique de nos
précédentes observations, a été décrite par nos

romanciers contemporains, dont quelques ouvrages
sont des morceaux remarquables d'analyse psychologique. Il ne faut pas croire en effet que l'amour,
même chez ceux qui ne recherchent que le plaisir,
se résume dans la jouissance de la beauté corporelle. Il faut avoir bien peu d'expérience ou bien
peu de lecture pour accepter une opinion aussi
bornée. La vérité est que ce qui attache à une personne aimée, c'est autant son esprit que son corps.
Le talisman par lequel une femme peut charmer
n'est pas uniquement dans sa beauté physique, et
les femmes le savent bien, car elles ont toujours su
à merveille ce qu'il leur importe de savoir. Celle-ci,
comme la *Rosalba* de Barbey d'Aurevilly, séduit
par la pudeur raffinée qu'elle conserve ou plutôt
qu'elle simule dans les plus grands transports de
l'amour ; ses troubles, ses émotions, ses rougeurs
virginales, qu'est-ce que tout cela, sinon des qualités psychiques ? Celle-là, comme la *Vellini* du
même auteur, laide, ridée, jaune comme un citron,
fascine son amant par la férocité de son amour hai-
neux, toujours prêt à jouer du couteau. Une autre,
comme la *Lydie* de Dumas fils, galvanise un ancien
amant par l'immoralité provocante des sentiments
qu'elle étale devant lui. Ces trois exemples suffisent à
prouver qu'en se fixant sur une qualité psychique,
le désir sexuel ne s'épure pas toujours.

C'est l'intuition de tout cela qui a fait la profon-
deur des ouvrages où les romanciers ont décrit ces
curieuses variétés de l'amour s'adressant presque

uniquement à un état d'esprit de la personne
aimée. Ils n'ont pas tous réussi à bien décrire cet
amour, mais « ceux qui l'ont tenté en sont restés
plus grands ». Maintenant que la formule est connue, on pourrait fabriquer à la douzaine, sur ce
thème spécial, des romans plus profonds les uns
que les autres.

Il ne s'agit point ici, on le comprend tout de
suite, d'un goût platonique, mais d'un attrait sexuel.
Beaucoup de gens qui attachent une importance
capitale au caractère de la personne qu'ils épousent,
se laissent inspirer par un tout autre motif. Je
lisais un jour sur un album de jeune fille ce désir
banal et cependant bien humain : Demande : Quel
est votre vœu le plus cher ? — Réponse : Épouser
une jolie femme qui ait un bon caractère. Ce que
l'auteur naïf de cet aveu entendait par *bon caractère* est facile à comprendre : il n'était pas question
d'une qualité psychique qui devait devenir pour lui
une cause d'excitation sexuelle : il s'agissait tout
prosaïquement d'une condition qui devait lui assurer la paix de chaque jour.

Tarnowski [1] a publié une observation qui nous
paraît ressembler beaucoup au cas de Rousseau ;
on peut même dire que c'est le cas de Rousseau
amplifié. Il s'agit d'un homme, d'un honnête père
de famille, qui, à des époques fixes, quitte sa
demeure et va passer un certain temps chez une

---

[1] Inversion du sens génital. (*Messager de Psychiatrie*, Saint-
Pétersbourg, déc. 1884.) Cité par Lombroso.

femme qui. selon un programme dressé d'avance.
le soumet à des corrections physiques d'une grande
violence. Nous ignorons malheureusement les
détails de l'histoire passée de cet homme: on y
aurait peut-être découvert quelque fait expliquant.
comme pour Rousseau. son goût pour la flagellation.

Que dire maintenant de ce phénomène étrange.
paradoxal. auquel on a donné le nom heureux.
mais énigmatique de « volupté de la douleur » ?
Nous avons vu Rousseau désirant ardemment trouver une maîtresse qui le frappe. et n'osant jamais
avouer sa folie aux femmes qu'il a aimées. Quelle
jouissance peut-on trouver dans la douleur physique
de se sentir meurtri de coups et dans la douleur
morale de se sentir accablé par la colère ou le
dédain d'une femme? Cet état d'esprit. si insolite
qu'il soit. n'est pas un fait accidentel; il n'a rien
de spécial Rousseau. Si on lit les mystiques.
on reconnaît qu'il y a peu de mystiques qui ne se
torturent le corps au moyen de cilices. de cordes,
de disciplines. de chaînes de fer. Tel. comme Suso.
dominicain du xive siècle. s'enferme dans un cou-
vent. et se livre pendant trente ans à des macérations qui affaiblissent tellement son corps qu'au
bout de ce laps de temps il ne lui reste plus qu'à
mourir ou à cesser ses exercices cruels. Pour aimer,
répètent les mystiques. il faut souffrir.

Il y a certainement là un problème bien curieux;

pour essayer de le comprendre, il faut d'abord le
limiter. Plusieurs raisons peuvent pousser les mystiques à la recherche de la douleur physique : sous
une apparence commune peuvent se cacher des si-
tuations absolument différentes. Ainsi, pour certains, les macérations prolongées ont pour but de
dompter les désirs de la chair, en l'affaiblissant.
D'autres fois, le mystique cherche à s'affaiblir parce
qu'il sait qu'après le jeûne et les macérations la divinité lui envoie des visions : en d'autres termes, le
régime débilitant favorise les hallucinations et l'extase. Autre raison : la douleur est envisagée comme
une offrande à la divinité, dans le but d'apaiser sa
colère ou d'assurer sa bienveillance. Enfin, la mor-
tification devient un moyen d'exciter énergiquement l'imagination : son effet sur les images est
analogue à celui de la flagellation sur les fonctions
sexuelles du viveur usé.

Mais rien de tout cela ne constitue, à proprement
parler, la volupté de la douleur ; aucune de ces
raisons n'est applicable au cas de Rousseau ; pour
comprendre comment on peut arriver à prendre
plaisir à sa souffrance, il faut avoir recours à la
loi de l'association des idées et des sentiments.
C'est cette loi qui, à notre avis, donne la clef du
problème.

Grâce à une association d'idées, nous avons vu
des objets inertes et insignifiants, comme des bonnets de nuit, devenir un foyer intense de plaisir ;
si l'on remplace, dans les mêmes conditions, l'objet

inerte par l'acte indifférent d'une personne. l'acte produira également, par association d'idées. une impression agréable. Si l'acte est douloureux, comme la flagellation donnée par une main de femme. il pourra également acquérir, par une association d'idées. la propriété de paraître agréable. Alors, chose bizarre. le phénomène sera à double face. Directement, la blessure faite par la main aimée sera douloureuse — et indirectement. par association d'idées, elle sera voluptueuse: de là ce double caractère. opposé et contradictoire, du même fait. C'est bien ce qui s'est passé chez Rousseau. S'il aime se courber. se prosterner, s'aplatir devant une maîtresse adorée. s'il appelle les coups d'une blanche main sur son échine. c'est que ces divers actes. quoique douloureux pour la sensibilité physique et morale. ont acquis, par association, la propriété d'éveiller la volupté.

De même que tel malade adore un bonnet de nuit, ou un clou de bottine, lui il adore la souffrance physique causée par une femme. C'est une dernière espèce de fétichisme, ce n'est pas la moins étrange.

Remarquons encore que ce qui donne à ce phénomène un caractère à part, c'est qu'il réside dans l'accolement de deux sentiments contraires. L'acte douloureux en lui-même devient agréable non par les *idées* accessoires qu'il réveille mais par les *sentiments* dérivés qui se sont joints à lui. Aussi, la juxtaposition de ces deux sentiments opposés produit-elle

les mêmes effets de contraste que la juxtaposition
de deux couleurs complémentaires, le vert et le
rouge.

CHAPITRE IV

Il ne suffit point de réunir des faits, il faut les comprendre et les expliquer. Essayons de tirer quelques conclusions des observations que nous avons réunies sur le fétichisme.

Examinons d'abord quelle origine peut être assignée au fétichisme amoureux.

Toute la psychologie de l'amour est dominée par cette question fondamentale : Pourquoi aime-t-on telle personne plutôt que telle autre? Pourquoi désire-t-on posséder une femme belle, quand on sait fort bien que la beauté n'ajoute rien à la qualité et à l'intensité de la sensation génitale? Cela prouve que l'être aimé est quelque chose de plus qu'une source de plaisir. Il serait tout à fait ridicule de penser que si des hommes meurent d'amour pour une femme qu'ils ne peuvent pas posséder, c'est parce qu'ils lui demandaient en vain une petite sensation matérielle que la première femme venue aurait pu leur donner. Il faut être naïf et incompétent comme Spinosa pour définir simplement l'amour : *Titillatio, concomitante idea causæ externæ.* (*Eth.,* IV. 44.) Ce qui inspire l'amour est donc autre chose que la recherche d'une impression physique: c'est ce qu'on peut appeler d'un mot général *la recherche de la beauté;* il est bien entendu que ce mot a plusieurs sens, et que chacun a le droit de l'interpréter à sa façon.

Ce besoin de beauté, que l'on retrouve dans tout amour s'élevant au-dessus de la brute, offre ce caractère tout particulier d'être un besoin purement cérébral, incapable de recevoir directement une satisfaction matérielle.

C'est dans ce besoin cérébral que nous plaçons l'origine du fétichisme amoureux. En effet, le fétichisme amoureux est, comme nous l'avons déjà défini, l'adoration de choses qui sont impropres à satisfaire directement les fins de la reproduction.

S'il y a du fétichisme dans l'amour normal, à quel moment ce fétichisme devient-il une maladie de l'amour ?

C'est ici qu'il faut insister; car le grand intérêt psychologique de ces études, nous l'avons dit et nous le répétons, réside tout entier dans les comparaisons entre l'état normal et ses déviations.

La ligne de démarcation est fort difficile à tracer: souvent. dans le monde. on prend pour de pures extravagances d'amoureux ce qui est réellement une perversion sexuelle. Les aliénistes le savent bien: ils se rappellent l'histoire de cet aliéné. fou par amour. qui jetait des pierres dans les fenêtres de sa bien-aimée. et qui fut interné après l'examen de Lasègue. Plus tard. sorti de l'asile. il accusa Lasègue de séquestration arbitraire. Lasègue se défendit lui-même. et il eut quelque peine à faire comprendre aux juges la différence qui sépare le délire érotique du délire des amants (Ball).

Prenons le fait qui se rapproche le plus de l'état normal. celui où la perversion sexuelle est si légère qu'on pourrait presque douter de son existence. Il s'agit. par exemple. de Descartes qui a conservé, comme souvenir d'un premier amour, un penchant pour les yeux louches. En quoi ce penchant a-t-il quelque chose de pathologique ? On peut dire simplement qu'il tend à donner à un détail insignifiant de la personne physique une importance exagérée.

Il en est de même pour les amants de l'odeur; si leur goût est excessif. ils en viendront à ne chercher que l'odeur: peu importe que la femme soit vieille, ridée. bête, de condition inférieure: elle répand telle odeur. cela suffit. Alors ce détail cutané deviendra le fait important, celui dans lequel tout se résume, le centre d'attraction de tous les désirs sexuels. Quand toutes les consi-

dérations d'âge, de fortune, de convenance morale,
physique et sociale, se trouvent ainsi sacrifiées aux
plaisirs de l'odorat, on est en face d'une perversion.
Ce n'est pas tout : le caractère morbide de ce penchant est également prouvé par les impulsions irré-
sistibles auxquelles il donne lieu : le sujet, qui
reconnaît son odeur dans la femme qui passe dans
la rue, est entraîné invinciblement à suivre cette
femme : il ne peut pas plus résister à cette impulsion que le dipsomane ne peut résister à la vue
d'un verre de vin.

Ainsi, le fétichisme, dont nous arrivons maintenant à préciser la définition, consiste dans l'importance sexuelle exagérée que l'on attache à un détail
secondaire et insignifiant. Cette importance varie
d'ailleurs avec les cas, et peut servir à marquer le
degré de la perversion. Nous notons que M. R...,
qui éprouve un penchant si marqué pour la main
féminine, n'en est cependant pas arrivé au point
de sacrifier à cette main tout le reste de la personne :
il ne se résignerait pas à faire la cour à une femme
vieille, ridée et sale, parce qu'elle aurait de jolies
mains. Ce contraste lui est même fort pénible.
Chez d'autres malades, le fait contraire se présente
très nettement. Nous pouvons citer cet amant des
yeux dont l'histoire a été racontée par M. Ball.
L'éminent professeur le fit comparaître à sa leçon,
et le pria de dessiner sur un tableau noir un œil
de femme. Le malade obéit à cette invitation avec
un plaisir évident, car rien n'est plus agréable que

de s'occuper de ce qu'on aime. Après avoir tracé à la craie le dessin dont nous avons parlé plus haut, il déclara nettement que pour lui toute la femme se concentrait dans l'œil, et qu'il *n*'aimait *que* cet organe. Ainsi, pour ce malade, qui occupe un rang élevé dans l'échelle des perversions sexuelles, l'œil est tout, il efface tout le reste de la personne physique et morale.

Nous pouvons, à cet égard, comparer cet aliéné à l'amoureux normal qui serait épris des beaux yeux de sa maîtresse. Molière peignant un bourgeois amoureux d'une marquise lui fait imaginer cette phrase inoubliable, destinée à la dame de ses pensées :

Belle marquise, vos beaux yeux me font mourir d'amour.

Ce qui distingue notre malade et ce type vulgaire et banal, c'est tout simplement le degré de l'amour que le bourgeois gentilhomme ressent pour les beaux yeux de Dorimène : il peut aimer ses yeux, mais il aime tout le reste de sa personne, ses belles manières, et son titre de marquise. Il n'y a pas dans cet amour normal une sorte d'hypertrophie d'un élément qui entraine l'atrophie de tous les autres.

Ainsi donc, le fétichisme amoureux a une tendance à détacher complètement, à isoler de tout ce qui l'entoure l'objet de son culte, et quand cet objet est une partie d'une personne vivante, le féti-chiste essaie de faire de cette partie un tout independant. La nécessité de fixer par un mot qui serve de signe ces petites nuances fuyantes du sentiment nous fait adopter le terme d'*abstraction*. Le fétichisme amoureux a une tendance à l'abstraction. Par là il s'oppose à l'amour normal, qui s'adresse à la totalité de la personne.

Pour bien suivre le progrès de ce travail d'abstraction, il faut voir ce qui se passe dans l'amour des corps inertes : le point de départ de ces aberrations est dans ces charmantes folies auxquelles donne lieu l'idolâtrie amoureuse, dans la tendresse avec laquelle l'amant conserve les cheveux, les rubans, mille reliques de la personne aimée. Quand il couvre de baisers ces choses inertes, il ne les sépare pas dans son esprit du souvenir de la femme. Cette image reste soudée à la vue de ces objets. Une opération d'abstraction n'est pas intervenue pour détacher l'un de l'autre ces deux éléments si intimement liés. Supposons maintenant que l'amant, qui conserve avec un soin pieux une mèche de cheveux blonds, acquière un goût spécial pour les cheveux blonds en général et se mette à les collectionner : nous avons vu plus haut les collectionneurs de mouchoirs et de fragments de vêtements. Ce sont là des formes de transition, qui offrent le plus grand intérêt. Les sujets de ce genre recherchent bien ces objets inertes comme des souvenirs des femmes qu'ils ont vues, mais ils les aiment aussi en eux-mêmes, en tant que mouchoirs, en tant que vêtements. Chez M. L....

l'abstraction est moins considérable : pour lui, le
costume italien n'a d'attrait que lorsqu'il est animé
par le corps d'une jeune et jolie femme. M. L...
n'éprouve qu'un plaisir modéré à voir la jupe
rouge, le tablier bleu, les dentelles d'un costume
italien affaissés sur une chaise ; la vue du vêtement
flasque et sans vie ne l'excite pas. Aussi n'a-t-il
jamais eu l'idée d'acheter un de ces costumes, afin
d'en jouir chez lui, dans son domicile. La question
que je lui ai faite à ce sujet a paru l'étonner beaucoup. Au contraire, l'abstraction est plus complète
chez l'amant des clous de bottine. La vue d'un
clou, qu'il tient dans ses mains, et la vue d'une
bottine garnie de clous lui donnent une excitation
très intense. Aussi le voyons-nous achetant des
souliers de femme, les emportant chez lui, et prenant plaisir à les garnir lui-même de clous. Ici,
l'adoration pour l'objet matériel, quoique fortifiée
par la présence de la femme, peut s'en passer. Cette
indépendance augmente encore et atteint son maximum chez l'amant des tabliers blancs. Aucun souvenir féminin ne se mêle à son obsession et ne la
colore. Ce qu'il aime, c'est le tablier blanc en lui-
même et pour lui-même. Il ne peut pas en voir un
séchant au soleil, ou plié dans un magasin, sans
avoir envie de le dérober. On a trouvé chez lui des
piles de tabliers blancs volés. Dans ce dernier
cas, le fétichisme a atteint son développement
complet ; il paraît même impossible d'aller au delà ;
l'adoration s'adresse uniquement à un objet maté-

riel. A aucun moment, la femme n'est intervenue[1].

Ce n'est pas tout. Il faut remarquer que, dans l'évolution de la perversion sexuelle, l'abstraction conduit à la *généralisation*. Le malade ne s'attache pas uniquement à une personne en particulier : son amour n'est pas individualiste. Ainsi, l'amant du costume italien n'est pas épris spécialement de tel costume individuellement déterminé, porté par telle personne : ce qu'il aime, ce n'est point un objet particulier, c'est un *genre*. Jean-Jacques Rousseau dit aussi que ce qu'il recherchait dans ses maîtresses, c'était l'attitude impérieuse : il n'aimait donc pas une femme en particulier, mais toutes celles qui le faisaient mettre à genoux et le corrigeaient. De même, l'amant des clous de bottine adore tous les clous de bottine, c'est-à-dire toute une classe d'objets : et l'amant des tabliers blancs adore toute la classe des tabliers blancs.

On doit donc conclure de ces faits que la perversion sexuelle a un caractère généralisateur. Par là, elle s'oppose nettement à l'amour normal, qui a une tendance à se concentrer tout entier sur une seule personne. L'amour normal conduit toujours à l'individualisation, et cela se comprend, car il a pour but la reproduction.

---

[1] Chez ce malade, l'association de sentiments est engendrée par un plaisir personnel, égoïste, il y a sans doute des sujets chez lesquels le fétichisme a pour objet leur propre personne. La fable du beau Narcisse est une image poétique de ces tristes perversions. Partout d'ailleurs, dans ce sujet, nous trouvons la poésie recouvrant et déguisant le fait pathologique.

Nous devons signaler maintenant quelques effets accessoires de cette tendance du fétichiste à se concentrer dans l'objet de son culte et à ne voir que cet objet. Cette étude est intéressante. car elle donne les moyens de reconnaître. à des signes précis. si une personne est ou non atteinte d'une perversion sexuelle.

Nous ferons d'abord remarquer que dans certains cas le sujet de l'observation éprouve un sentiment sexuel d'autant plus vif que l'objet a un volume plus considérable. Ainsi. il nous est dit que l'intensité du spasme augmente chez l'amateur des clous. *s'il y a beaucoup de clous, si les clous sont gros, s'ils sont posés à des souliers plutôt qu'à des bottines.* Ainsi plus l'objet de cette espèce de culte est gros, plus le sentiment est ardent. Dans une autre observation. celle de M. R..., nous trouvons un fait analogue. Ce malade. qui est l'amant de la main féminine. n'aime point les petites mains ; il préfère la grandeur moyenne, et même une grandeur un peu au-dessus de la moyenne. Ce n'est pas tout : dans la remarquable observation de M. Ball que nous avons reproduite, l'amant des yeux de femme n'aime pas les yeux petits ; il les désire très grands. S'il s'éprend un jour d'une jeune fille, c'est parce qu'il retrouve chez elle l'œil idéal qu'il adore. et M. Ball remarque. sans être prévenu de l'importance de ce détail, que la jeune fille a des yeux immenses.

Ce n'est pas sans raison que nous insistons sur

ce point. qui, à première vue. paraît sans importance. En réalité. il n'y a rien d'insignifiant dans
la nature. Ce qui paraît tel est seulement incom-
pris. Pour comprendre l'intérêt que présente le fait
pathologique dont nous venons de parler. il suffit
de le mettre en rapport avec des faits normaux que
l'on observe chaque jour autour de soi.

Darwin a observé. après Humboldt[1]. que les sauvages ont une tendance à exagérer la particularité
naturelle du corps qu'ils affectionnent. De là l'u-
sage qu'ont les races imberbes d'extirper toute
trace de poils sur le visage et sur le corps. Les
indigènes de la côte nord-ouest de l'Amérique
compriment la tête pour lui donner la forme d'un
cône pointu : en outre. ils ramènent constamment
leurs cheveux pour former un nœud au sommet de
la tête. dans le but d'accroître l'élévation apparente
de la forme conoïde qu'ils affectionnent. Les Chi-
nois ont naturellement les pieds fort petits. et on
sait que les femmes des classes élevées déforment
leurs pieds pour en réduire encore les dimensions.
Nous retrouvons dans nos modes européennes
relatives au vêtement la même tendance à exagérer
les formes du corps qui nous plaisent.

De même encore. si les bijoux ont souvent pour
effet une excitation sexuelle, c'est qu'ils augmentent, par une sorte d'illusion psychique, l'importance de l'organe auquel ils servent de parure ; la

_____

[1] *Descendance de l'homme.* 2e édit.. p. 637.

PSYCHOLOGIE EXPÉRIMENTALE. 5

bague a pour but d'attirer l'attention sur le doigt, le bracelet en fait autant pour le poignet, et le collier pour le cou ; tout ces faits concordent entre eux et s'enchaînent. Bref, on peut poser comme règle générale que les fétichistes recherchent tout ce qui peut augmenter le volume physique ou l'importance morale de l'objet matériel qu'ils adorent.

L'usage du fard et du maquillage est un dernier exemple de cette même tendance. Son but est en effet d'exagérer certaines parties du visage par des contrastes de couleur. La raie charbonnée dont les femmes galantes se soulignent l'œil, comme les écrivains soulignent un mot important, a pour effet d'agrandir l'organe et de faire ressortir la blancheur de la cornée. On ne peut pas s'empêcher de songer au fétichisme lorsqu'on voit sur les monuments égyptiens ces yeux de femme que le kohl entoure d'une large bande noire. Beaucoup de personnes désapprouvent le maquillage comme elles désapprouvent l'abus des parfums ; ces artifices peuvent en effet manquer de bon goût, mais ils ne manquent pas toujours d'utilité, car ils ont une action incontestable sur les sens de l'homme.

En résumé, le goût byzantin du luxe, l'outrance des modes, et l'abus du maquillage, sont des formes différentes d'un besoin unique, le besoin si fréquent à notre époque d'augmenter les causes d'excitation et de plaisir. L'histoire et la physiologie nous apprennent que ce sont là des marques d'affaiblissement et de décadence. L'individu ne recherche avec tant d'avidité les excitations fortes que quand son pouvoir de réaction s'abaisse.

Il nous reste à signaler un des caractères les plus importants du fétichisme amoureux. La contemplation ou la palpation de la chose aimée, que ce soit un œil de femme, ou une oreille, ou un objet inerte, est accompagnée d'une excitation génitale intense, si intense et surtout si agréable que chez beaucoup de sujets elle paraît dépasser le plaisir normal qui accompagne le coït. Cet amour hors nature a une tendance à produire la continence; disons mieux, il produit une impuissance de cause psychique. On n'a qu'à parcourir les observations précédentes : on y verra que la plupart des fétichistes sont des continents, l'amant de l'œil féminin est même, à trente-deux ans, encore vierge. Relisez aussi l'observation de Rousseau, l'observation de l'amant des tabliers blancs.

Que le fétichiste soit continent, quoi de plus logique? Ce qu'il aime, c'est un objet ou une fraction de personne vivante. Comment cet amour dévié, à insertion vicieuse, pourrait-il trouver une satisfaction légitime dans des rapports normaux? Donc, par voie de conséquence, le fétichiste ne se reproduira pas. C'est encore logique, car le plus souvent ces malades sont des dégénérés, et l'effet ordinaire de la dégénérescence est la stérilité.

Mais il ne faut pas oublier que la continence est seulement l'effet du grand fétichisme et marque ainsi le degré auquel la perversion sexuelle a su s'élever. Il n'en est pas ainsi, je crois, chez les moyens et les petits fétichistes. Ce ne sont pas toujours et nécessairement des continents. Ce ne seront pas non plus, il est vrai, des viveurs ordinaires; ils conserveront dans leurs relations sexuelles une marque spéciale; c'est surtout par l'imagination qu'ils jouiront. Chez eux le plaisir de l'imagination accompagnera toujours le plaisir matériel pour le compléter, pour le rehausser, pour lui donner toute sa valeur.

L'étude des effets psychiques de cette continence mérite de nous arrêter un instant. Examinons les faits dans leur ensemble, et prenons les choses de haut. La meilleure façon de comprendre la nature de l'instinct sexuel est de le comparer à un besoin organique, comme la faim; comme la faim, il est périodique; quand il a reçu satisfaction, il se calme pendant un certain temps, puis il se reforme petit à petit, et devient finalement impérieux à mesure que le jeûne se prolonge. Jusqu'ici nous sommes dans la règle physiologique. Mais ce que certaines observations, par exemple celle du nommé R..., nous apprennent de nouveau, c'est que, pendant la continence, ce n'est pas seulement le besoin sexuel organique qui augmente d'intensité; les idées érotiques également, qui dépendent de l'imagination, deviennent plus intenses. La continence ne provoque pas seulement — qu'on nous passe cette expression — le cri de l'organe affamé; elle exalte encore l'imagination érotique. Au moins, c'est ce qui se passe chez les sujets qui ont un tempérament sensuel et qui vivent dans un milieu excitant[1]. On peut donc affirmer une fois de plus à ceux qui considèrent la continence comme un état de pureté supérieur à la pratique régulière des rapports sexuels, que cet état de pureté ne se réalise pas toujours; bien des continents, tout en restant purs de corps, ont l'imagination beaucoup plus troublée que les pratiquants. On s'assure de l'importance, malheureusement trop générale, de cette observation, lorsque l'on fait soigneusement l'étude de certains mystiques à la fois continents et sensuels.

Nous désignerons le curieux travail de l'imagination qui se produit sous l'influence de la continence, par l'expression de *rumination érotique des continents*.

Il y aurait un grand intérêt à montrer comment certains sujets en arrivent à satisfaire leur besoin génital en construisant dans leur tête des romans d'amour; ce procédé consiste essentiellement dans le remplacement d'une sensation par une image : le sujet ne pouvant pas ou ne voulant pas se donner la sensation génitale qui accompagne le rapprochement sexuel, la remplace par des images du même ordre, qui produisent le même genre de plaisir. C'est don César de Bazan dégustant des lettres d'a-

[1] Les réserves faites au texte ne doivent pas être oubliées : il paraît démontré que, chez quelques individus, les bienfaits de la continence sont plus considérables que ses inconvénients.

mour qui ne lui sont pas adressées, en humant l'o-
deur d'une cuisine qu'il ne mangera pas.

La plupart des pervertis dont nous avons retracé
l'histoire appartiennent à cette classe des ruminants
érotiques. Il en est ainsi pour l'amant des clous de
bottines. qui passe plusieurs heures à se raconter à
lui-même des histoires d'amour. Les deux malades
dont j'ai recueilli les observations m'ont confessé
également qu'ils s'abandonnaient avec un vif plaisir
à des rêveries analogues. L'amant des yeux de
femmes se nourrit silencieusement de ses idées
érotiques. Rousseau se livre à des fureurs d'imagination où il fait jouer à toutes les femmes qui lui
plaisent le rôle de Mlle Lambercier. Evidemment,
c'est là un symptôme fréquent du grand fétichisme.

Nous avons maintenant réuni les principaux signes auxquels on reconnaît le fétichisme amoureux.
Avec ce critérium, on pourra facilement en constater la présence, car il est très abondant, répandu
partout. La littérature l'a bien souvent chanté.
Nous allons, en terminant, en signaler un bien curieux exemple.

Dans un roman très connu, *la Bouche de Ma-
dame X...*, M. Belot a décrit ce que nous pouvons
appeler « l'amant de la bouche ».

M. X...., raconte l'auteur, se trouve un jour, dans
une maison publique, en présence d'une femme
dont il ne peut voir que les ailes du nez, la bouche
et le menton; le reste de la figure est recouvert par
un capuchon de satin noir et de dentelles. « C'é-

tait peu, dit-il, et cependant j'étais déjà pris par cette femme voilée... Cet émoi instantané s'expliquera facilement, quand je me serai confessé : ce que je préfère chez la femme, ce que j'admire par-dessus tout, c'est la bouche[1]. »

Cette seule phrase nous avertit que nous sommes devant un fétichiste, car tous s'expriment de la même façon, avec une singulière uniformité. On se rappelle le mot du coupeur de cheveux : « Ce que j'aime, ce n'est pas l'enfant, c'est le cheveu. » Toutes les fois qu'on rencontre une phrase de ce genre, et qu'on est sûr de sa sincérité, on peut soupçonner la présence du fétichisme.

L'auteur a fait subir à cette donnée première des développements d'une très curieuse psychologie. Nous n'hésitons pas à croire, quant à nous, que son livre repose sur une observation vraie[2]; mais comme son imagination d'artiste a sans doute modifié les faits, il s'agit de déterminer le point où l'observation cesse et où la fantaisie commence. Nous allons faire, à ce point de vue, la dissection du livre de M. A. Belot.

Les fétichistes ont en général un tempérament sensuel; de plus, ce sont des malades; un grand nombre sont des dégénérés héréditaires, d'autres sont des névropathes, etc. M. X.... le héros du livre, se conforme à la règle. Il commence par faire

[1] Page 104.
[2] Nous avons appris depuis, par une lettre de l'auteur, que nous ne nous étions pas trompés.

son autobiographie, dont il suffit de lire deux pages
pour être convaincu de la sensualité de son tempérament. Quant à ses antécédents personnels ou héréditaires, il n'en parle point: c'est une lacune;
mais il raconte que M. Charcot, qui le connaît, voit
en lui un sujet remarquable[1].

Examinons maintenant les caractères propres de
la perversion sexuelle; nous avons vu que le fétichisme tend à l'*abstraction*, c'est-à-dire à l'isolement de l'objet aimé, qui, alors même qu'il n'est
qu'une fraction du corps d'une personne, se constitue *en un tout indépendant*. Or, que dit M. X...?
« Le mot bouche signifie pour moi *un tout*, un ensemble composé des lèvres, des dents, des gen-
cives, de la langue et du palais. »

Les fétichistes disent encore que peu importe que
la femme soit laide, si l'objet de leur culte est beau.
L'amant de la bouche ne parle pas autrement.
« Une femme qui a le nez trop fort, dont les traits
sont manqués, qui passe pour laide, peut être char-
mante si la bouche est réussie. — En revanche,
malgré la pureté des lignes du visage, sa réputation
de beauté, une femme ne me dit rien si elle a une
bouche mal venue. »

Le fétichiste désire que l'objet de son culte ait un
volume considérable. M. X... aime les bouches aux
èvres épaisses et charnues. « Tant mieux que la

---

[1] Rapprochement assez piquant : c'est à MM. Charcot et Magnan
que l'on doit les plus belles observations sur le fétichisme amoureux.

bouche soit grande, ajoute-t-il, il y a plus de place pour le baiser. »

Pour les fétichistes, la perception sensorielle de l'objet aimé cause un plaisir supérieur même à la sensation sexuelle. M. X.... sans faire un franc aveu sur ce point, s'égare dans des demi-confidences qui laissent soupçonner son opinion. Ainsi, il avoue que pour certaines femmes le baiser est le plat de résistance du festin, celui qu'elles préfèrent, et qui parfois *peut apaiser leur faim*. Il est probable que M. X... est de l'avis de ces femmes. — Plus loin, il soutient cette opinion assez comique qu'une femme qui a accordé le baiser est une coquine quand elle refuse le reste : preuve évidente de l'importance capitale qu'il attache au rapprochement des lèvres. — Ajoutons enfin ce détail caractéristique que M. X... parvient à reconnaître entre mille la bouche qu'il a vue une fois et qu'il a aimée. Ce prodige de mémoire est l'effet d'une attention éveillée par un sentiment d'amour passionné.

Voici maintenant où commence la fantaisie. L'auteur a fait de M. X... un viveur à outrance, une hôte assidu des maisons publiques du beau monde. Il nous semble que le caractère intellectuel de M. X... est tracé d'une main un peu incertaine. Si M. X... existe, ce doit être un homme qui, sans dédaigner la jouissance matérielle, apprécie surtout les plaisirs de l'imagination ; ce doit être un ruminant érotique.

Mais, tout en faisant ces remarques, il ne faut

5.

pas perdre de vue le procédé ordinaire des romanciers ; témoins d'un fait de la vie réelle, ils cherchent à l'amplifier pour le rendre plus sensible à
leurs lecteurs. L'auteur dont nous analysons l'ouvrage a probablement observé un cas de fétichisme
léger ; il l'a grossi pour l'optique du roman, et il a
oublié d'élever au même ton certains détails accessoires qui en dépendent, tels que le caractère intellectuel du fétichiste.

Quoi qu'il en soit, il est bien curieux qu'on ait
taxé de licencieux un livre qui ne fait que décrire
un cas de pathologie mentale. L'auteur a été le premier à s'y méprendre. Il se propose, dit-il dans sa
préface, de nous présenter l'histoire de quelques
vices bien habillés et de bonne compagnie ; ce qu'il
nous a présenté, c'est bel et bien un cas de perversion sexuelle.

Il nous reste à conclure en résumant ce que cette
maladie de l'amour nous apprend sur l'amour normal. Il n'y a point de fétichiste dont on ne retrouve
la forme atténuée dans la vie régulière. Tous les
amants sont épris de la beauté des yeux de leur
maîtresse, comme le malade de M. Ball ; ils sont en
extase devant la beauté de sa main, comme M. R... ;
ils adorent ses cheveux, ils respirent avec délices
son parfum favori. Le fétichisme ne se distingue
donc de l'amour normal que par le degré : on peut
dire qu'il est en germe dans l'amour normal ; il suffit que le germe grossisse pour que la perversion
apparaisse.

Le développement de ce point de vue nous amène à dire quelques mots des faits que Darwin a réunis pour appuyer sa célèbre théorie de la concurrence sexuelle ; ces faits ont reçu de l'illustre naturaliste une interprétation qui a été admise jusqu'ici sans contestation, mais qui nous paraît devoir être légèrement modifiée ; il est bien entendu que cette modification, toute psychologique, n'ébranle nullement la théorie très bien établie de la concurrence sexuelle.

Darwin observe qu'il y a entre les mâles d'un grand nombre d'espèces animales une lutte pour la reproduction ; c'est tantôt une lutte sanglante, tantôt une lutte artistique. C'est surtout parmi les oiseaux que la lutte artistique, la seule qui nous intéresse ici, prend un grand développement ; il y a d'abord la lutte des chanteurs ; le chant est pour le mâle un moyen de charmer les femelles. Tantôt le mâle se livre à un chant solitaire, la nuit par exemple, et la femelle accourt vers le meilleur chanteur. Tantôt ce sont de véritables concours de chant. Les mâles s'assemblent, et chacun tour à tour se met à chanter. Ils le font avec tant d'ardeur que quelques-uns succombent en poussant une note trop forte. La femelle, après avoir entendu, choisit. Chez d'autres oiseaux, la lutte artistique n'a pas lieu entre chanteurs ; le concours porte sur la beauté du plumage. Le faisan doré n'ouvre sa fraise que lorsqu'il approche d'une femelle. Le faisan argus possède des plumes rémiges considérables, pourvues d'ocelles et rayées de bandes transversales ; il présente des taches qui sont une combinaison de la fourrure du tigre et de celle du léopard. Devant la femelle, il ouvre ses ailes, les porte en avant, et se cache derrière ce bouclier resplendissant. Pour s'assurer de l'effet qu'il produit, de temps en temps il passe sa tête entre deux plumes et regarde la femelle.

Darwin admet sans difficulté que ces luttes artistique prouvent que les oiseaux, ainsi du reste que beaucoup d'autres animaux, ont une faculté d'apprécier le beau. C'est possible ; mais nous ne croyons pas que le choix fait par la femelle entre plusieurs mâles soit dicté exclusivement par le sentiment esthétique. Il y a ici une nuance dont il faut tenir compte. La femelle de l'oiseau de paradis qui voit le mâle faire la roue ne juge pas seulement comme artiste la beauté de sa robe nuptiale, elle la juge aussi et surtout comme femelle ; de même la femelle du bouvreuil qui écoute le mâle chanter ressent moins un plaisir musical pur, un plaisir de l'oreille, qu'un plaisir génital. Certes, ces deux ordres de sentiments se confondent souvent, à ce point qu'il est difficile de les distinguer ; mais il y en a un qui est plus ancien que l'autre, et plus important, c'est sans contredit le sentiment sexuel. Je crois qu'il faudrait retoucher dans ce sens quelques-unes des conclusions de Darwin. La lutte par laquelle les animaux préludent à l'accouplement n'est pas une lutte artistique, c'est une lutte amoureuse.

L'anecdote suivante, permettra de préciser la distinction que nous avons faite entre le sentiment artistique et le sentiment sexuel. Un élève d'Ingres, M. Amaury Duval, raconte, dans un livre écrit sur l'atelier de son maître, qu'un jour, à l'école des Beaux-Arts, une femme posait toute nue devant plusieurs élèves ; elle n'était nullement gênée par tous les regards dirigés sur sa chair. Tout à coup, au milieu de la séance, elle quitte la pose en poussant un cri et court à ses vêtements pour couvrir sa nudité ; elle venait d'apercevoir à travers une lucarne la tête d'un ouvrier couvreur qui se penchait curieusement pour la regarder.

L'amour normal nous apparaît donc comme le résultat d'un fétichisme compliqué ; on pourrait dire,— nous nous servons de cette comparaison dans le but unique de préciser notre pensée, — on pourrait dire que dans l'amour normal le fétichisme est polythéiste : il résulte, non pas d'une excitation unique, mais d'une myriade d'excitations : c'est une symphonie. Où commence la pathologie ? C'est au moment où l'amour d'un détail quelconque devient prépondérant, au point d'effacer tous les autres.

L'amour normal est harmonieux ; l'amant aime au même degré tous les éléments de la femme qu'il aime, toutes les parties de son corps et toutes les manifestations de son esprit. Dans la perversion sexuelle, nous ne voyons apparaître en somme aucun élément nouveau ; seulement l'harmonie est rompue ; l'amour, au lieu d'être excité par l'ensemble de la personne, n'est plus excité que par une fraction. Ici, la partie se substitue au tout, l'acces-

soire devient le principal. Au polythéisme répond
le monothéisme. L'amour du perverti est une pièce
de théâtre où un simple figurant s'avance vers la
rampe et prend la place du premier rôle.

LA VIE PSYCHIQUE

DES

MICRO-ORGANISMES

UN CHAPITRE PEU CONNU DE LA PSYCHOLOGIE COMPARÉE. — DÉFINITION DES MICRO-ORGANISMES. — LEUR DISTRIBUTION. — PRINCIPAUX GROUPES DE MICRO-ORGANISMES ANIMAUX. — COMPLEXITÉ DE LEUR VIE DE RELATION. — LE MICRO-ORGANISME N'EST PAS SIMPLEMENT UNE CELLULE IRRITABLE.

L'étude des êtres microscopiques a été jusqu'ici un peu négligée par la psychologie comparée. Les naturalistes qui se livrent à l'observation de ces êtres ont recueilli sur leur vie psychique un grand nombre de faits intéressants ; mais ces faits n'ont pas encore été réunis, ni commentés, ni éclairés les uns par les autres ; ils restent dispersés dans des mémoires et des recueils de toutes sortes où le psychologue ne songe pas à les rechercher ; nous allons essayer de lui faire connaître une partie de ces richesses.

On comprend sous la qualification de Micro-organismes tous les êtres que la petitesse de leur volume et la simplicité de leur structure placent aux derniers degrés de l'échelle animale ou végétale ; ils représentent les formes les plus simples de la matière vivante ; ils sont constitués par une cellule unique [1].

Les uns remplissent les eaux douces et les eaux salées, servant de nourriture à une foule d'autres organismes, ou contribuent, à l'aide de leurs squelettes calcaires ou siliceux, à la formation des continents. Les autres vivent en parasites dans les organes des animaux et des plantes, et amènent un trouble plus ou moins grave dans la santé des organismes qu'ils ont envahis. D'autres enfin, agissant comme ferments, produisent des modifications chimiques importantes dans la matière organisée en voie de décomposition.

Un grand nombre de classifications ont été proposées pour l'arrangement méthodique de ces êtres ; aucune n'est complètement satisfaisante, et cela se comprend. Si une classification naturelle est toujours une œuvre complexe lorsqu'il s'agit d'animaux élevés qui diffèrent entre eux par des attributs importants, sur lesquels la comparaison peut porter, la difficulté est plus grande encore pour des êtres simples qui ne diffèrent que par des caractères légers.

La principale division qu'on établit entre eux est celle des Micro-organismes animaux ou Protozoaires et des Micro-organismes végétaux ou Microphytes.

---

[1] La doctrine de l'unicellularité, relativement aux infusoires, a été défendue par Siebold et Kölliker ; la majorité des naturalistes s'y est ralliée.

La ligne de démarcation de ces deux règnes est loin d'être précise ; il existe un grand nombre de Micro-organismes *incertæ sedis*. que les botanistes rangent volontiers parmi les végétaux. tandis que les zoologistes les considèrent de préférence comme des animaux [1].

Nous donnons ci-dessous le tableau des groupes les plus importants de Micro-organismes animaux :

MICRO-ORGANISMES ANIMAUX

Infusoires.	*Mastigophores.*	*Sarcodines.*	*Sporozoaires.*
Ciliés.	Flagellés.	Rhizopodes	Grégarinides.
Suceurs.	Choanoflagellés.	Héliozoaires.	Coccidies.
	Dinoflagellés.	Radiolaires.	Sarcosporidies.
	Cystoflagellés.		Myxosporidies.
			Microsporidies.

Nous nous proposons d'étudier la vie psychique de ces êtres inférieurs. ou. pour parler en termes plus généraux, leur vie de relation. On sait que la vie de relation comprend essentiellement deux termes : d'une part, l'action du monde extérieur sentie par l'organisme : la sensibilité ; d'autre part, la réaction de l'organisme sur le monde extérieur : le mouvement. On a l'habitude de donner à la réunion de ces deux propriétés le nom d'irritabilité. qui exprime la réaction du Micro-organisme aux forces extérieures. On dit alors. et avec raison. que

---

[1] Le meilleur caractère différentiel de ces deux règnes que l'on puisse signaler est relatif à la nature chimique de la membrane d'enveloppe : chez les organismes végétaux. la membrane d'enveloppe est formée d'une substance ternaire. de cellulose : elle est de nature albuminoïde chez les organismes animaux.

toute cellule vivante est irritable, c'est-à-dire qu'elle a la propriété de répondre par des mouvements aux excitations qu'elle subit.

Tout en admettant que l'irritabilité est le fondement de la vie de relation, et par conséquent le fondement aussi de la psychologie, il faut cependant se garder d'assimiler la cellule autonome des Micro-organismes à une simple cellule irritable. Bien que le corps de ces petits êtres soit l'équivalent d'une cellule simple, ce serait une erreur de croire que leur vie de relation consiste dans une réaction motrice à l'irritation extérieure. Au terme de nos recherches sur la psychologie des Proto-organismes, nous verrons qu'on trouve chez ces êtres inférieurs, qui représentent les formes les plus simples de la vie, des manifestations d'une intelligence qui dépasse de beaucoup les phéno-mènes de l'irritabilité cellulaire. Ainsi, même aux degrés les plus bas de l'échelle vivante, la vie psychique est une chose beaucoup plus complexe qu'on ne croit, et l'idée que quelques auteurs, même récents, se sont faite de la psychologie cellulaire me paraît être un schéma très grossier de phénomènes très délicats.

Chez la grande majorité des animaux pluricellu-laires, la vie de relation s'exerce par un système nerveux et par un système musculaire. Il n'en est pas de même pour les Micro-organismes ; la plupart ne possèdent ni système nerveux central, ni organes des sens : quelques-uns même ne possèdent pas d'or-

ganes de locomotion. Les fonctions de la vie de relation sont accomplies par toute la masse du corps :
beaucoup de Protistes, par exemple. n'ont point d'organe visuel anatomiquement différencié ; c'est le
protoplasma tout entier de l'organisme élémentaire
qui est excitable par la lumière, comme il l'est par
la chaleur ou par l'électricité. Chez d'autres Micro-
organismes, plus élevés, on voit apparaître un
commencement de différenciation. donnant lieu
soit à un organe des sens, soit à un organe moteur.

Nous allons faire une description générale de
ces organes. L'étude de ce début dans le travail
de différenciation présente un grand intérêt pour
l'anatomie et la physiologie comparées ; elle n'intéresse pas moins la psychologie. D'ailleurs, en
insistant sur ces préliminaires de notre travail. nous
aurons l'occasion d'enregistrer des faits nouveaux
et intéressants.

CHAPITRE PREMIER

LES ORGANES MOTEURS ET LES ORGANES DES SENS

I

LES ORGANES MOTEURS

La Motilité. — Le pseudopode. — Opinion de M. Rouget relativement à la formation des pseudopodes. — Les cils vibratiles. —
Leur valeur morphologique. — Observations d'Engelmann. —
Les mouvements des cils vibratiles sont soumis à la volonté de
l'animal. — Observations de M. Balbiani sur le *Didinium
nasutum*. — Expériences de Rossbach. — Le flagellum. —
Variété de ses mouvements. — Observation de Bütschli sur le
flagellum du *Glenodinium cinctum.* — Les infusoires métaboliques.
— Les bandes granuleuses et les filaments brillants. — La
vésicule contractile. — Les mouvements des Bactéries et des
Grégarines.

II

LE SYSTÈME NERVEUX

Absence de système nerveux central chez les organismes unicellulaires. — Hypothèse d'un système nerveux diffus. — Observation
de Gruber sur le Stentor en voie de division.

III

LES ORGANES DES SENS

Organes du tact. — Organe visuel. — Tache oculaire des Flagellés. — Tache oculaire des zoospores végétales. — Expériences
de Klebs sur la structure des taches. — L'hématochrome n'est

pas sans analogie avec le pigment chlorophyllien. — Opinion
des auteurs sur la fonction physiologique des taches dites
oculaires. — Observation de M. Pouchet sur l'œil du *Glenodinium polyphemus.* — Cet œil est composé d'une masse pigmentaire et d'un corps réfringent. — Observations de M. Künstler
sur l'œil du Phacus. — Observation de Claparède et Lachmann.
— Observation de Lieberkühn. — Sensibilité des Euglènes à la
lumière. — Expériences d'Engelmann. — Les vésicules de Müller
du *Loxodes rostrum.*

I

Si l'on se reporte au tableau que nous avons
donné des groupes de Micro-organismes animaux, on voit qu'ils sont subdivisés en quatre
classes, les Infusoires, les Mastigophores, les
Sarcodines et les Sporozoaires. La distinction de
ces classes repose sur l'existence et la nature des
organes moteurs.

Les Infusoires comprennent les Protozoaires qui
se meuvent à l'aide de cils vibratiles répandus en
plus ou moins grand nombre sur leur corps.

La deuxième classe, les Mastigophores, comprend
les animaux qui se meuvent à l'aide de flagellums,
c'est-à-dire de longs filaments.

La troisième classe, celle des Sarcodines, comprend les animaux qui se meuvent à l'aide de pseudopodes ; ce sont des expansions de la substance
de leur corps.

La quatrième classe, celle des Sporozoaires, est
caractérisée par le mode de multiplication : ils se
reproduisent par des spores. Chez les animaux de
ce groupe, les organes locomoteurs spéciaux font

défaut : ces êtres sont d'ailleurs généralement peu mobiles, ou ne présentent que des mouvements dont le principe est inconnu.

Nous décrirons successivement les pseudopodes, les cils vibratiles et le flagellum.

Le pseudopode. — La formation des pseudopodes a lieu principalement chez les cellules nues, dépourvues de membrane d'enveloppe, chez les Sarcodines en général. On peut les étudier facilement chez l'*Amœba princeps*, animal microscopique qui se rencontre en abondance dans l'eau douce contenant des matières organiques en putréfaction. Il a l'aspect d'une petite masse gélatineuse, irrégulière, formée d'une substance incolore, le protoplasma. On ne connaît encore que très incomplètement la nature chimique du protoplasma ; on sait seulement qu'il résulte d'un mélange de matières albuminoïdes, avec addition d'eau et de principes minéraux. Dans le protoplasma de l'amibe, existe une petite masse arrondie et réfringente, contenant dans son intérieur un ou plusieurs corpuscules brillants ; on donne à cette petite masse le nom de noyau, et aux corpuscules le nom de nucléoles.

La forme du corps de l'amibe est rendue très irrégulière par le fait que certaines parties de la masse s'allongent et forment des saillies courtes et arrondies que l'on désigne sous le nom de pseudopodes. C'est grâce à ces pseudopodes que l'animal se déplace ; il les émet dans la direction du chemin qu'il parcourt, puis les rétracte, tandis que d'autres

points de sa masse s'allongent à leur tour. Le corps
entier s'avance en rampant. L'amibe en se déplaçant
a l'aspect d'une goutte d'huile qui coule. Pour
expliquer le mécanisme de cette marche, il faut
supposer que le pseudopode émis prend un point
d'appui par son extrémité libre, puis attire à lui,
en se raccourcissant, la masse entière du corps.
Mais il est difficile de savoir quelle est la cause de
l'allongement des pseudopodes. On a supposé que
le protoplasma est doué d'une grande élasticité et
que l'allongement est le retour de cette substance
à sa forme primitive. Telle n'est pas l'explication
donnée par M. Rouget. Le savant professeur du
Muséum a bien voulu rédiger pour nous la note
suivante, dans laquelle il résume son opinion :

« Toutes les fois qu'un organisme protoplasmique
meurt ou est soumis soit à une forte excitation
électrique, soit à une température relativement
élevée (+ 45° à + 50°), les pseudopodes se rétrac-
tent et rentrent dans la masse, qui prend une forme
globuleuse ; il en est de même pour le protoplasma
des cellules végétales dont le réticulum intra-cellu-
laire se brise en se rétractant, ou bien la masse du
protoplasma se divise en masses sphériques. Ces
états de rétraction sont les analogues de la *rigidité
musculaire*, et, comme elle, représentent l'état de
contraction *maximum* du protoplasma. — Du reste,
le style des Vorticelies (*Carchesium*), qui est une
formation protoplasmique, reste, dans les mêmes
conditions, à l'état de rétraction permanente. Il

résulte de là que l'émission des pseudopodes, *leur allongement*, ne peut en aucune façon être considéré comme un acte *direct* de la contractilité du protoplasma.

« La production des pseudopodes, un des problèmes les plus ardus, ne peut s'expliquer, selon moi, que de la façon suivante. — Toute masse protoplasmique, et spécialement les amibes, se compose de deux parties, une couche enveloppante ou *ectosarc*, visqueuse et élastique, et un contenu central liquide tenant en suspension des granulations.

« Dès l'apparition d'un pseudopode, il se manifeste un courant de liquide qui pénètre dans le pseudopode et semble contribuer à son allongement. Il est bien évident que le liquide est passif, qu'il ne pénètre dans le pseudopode que parce que, pressé de toutes parts, il trouve là une moindre résistance. — Je pense que la substance hyaline homogène (en apparence) du pseudopode est aussi une espèce de *hernie* de l'ectosarc, se produisant par suite d'une diminution de la résistance élastique dans le point où il apparaît, avec accroissement d'élasticité ou de contractilité (pour moi deux modalités d'une même propriété) dans les parties de l'ectosarc, où ne se produisent pas de pseudopodes. — La contractilité ou la tension élastique de ces parties diminuant, revenant au degré primitif, le pseudopode rentre dans la masse. — Ajoutez à cela que, chez une amibe de grande taille, l'*Amœba terricola*, il m'a semblé que la couche la plus superficielle de l'ectosarc présente des stries d'apparence granuleuse qui seraient identiques aux stries ou fibrilles contractiles de l'ectorsac des infusoires ciliés. *Stentor. Spirostomes. Bursaires.* etc. » (20 mai 1887.)

Le pseudopode ne représente point un organe de locomotion différencié et permanent ; il est constitué par un simple prolongement de la masse du corps, qui peut se produire sur n'importe quel point du corps. et lorsque l'acte de locomotion a été accompli. ce prolongement rentre dans la masse commune sans laisser de trace de son émission. Chez d'autres espèces animales. par exemple le *Petalobus* de Lachmann, on saisit un commencement de différenciation des pseudopodes; ils se forment toujours sur le même point du corps. au niveau de la partie antérieure; mais. malgré cette localisation constante. l'organe moteur n'a qu'une existence transitoire: il se produit au moment du besoin. et disparaît dans la masse du corps. quand le mouvement est exécuté. Chez les *Actinophrys,* il y a un progrès de plus: les pseudopodes nombreux émis par cet animal, et qui ont la forme de filaments, sont des organes permanents, à attributions fixes.

Les cils vibratiles. — Les cils vibratiles sont des filaments courts, homogènes, extrêmement ténus, qui sont animés d'un mouvement vibratoire. Ce sont des organes de locomotion nettement différenciés. Ils ont d'ailleurs plusieurs fonctions :

d'abord, ils permettent à l'animal de se mouvoir dans le liquide; ensuite, ils lui servent d'organe de préhension; en troisième lieu, ils permettent de renouveler l'eau qui apporte à l'animal l'air nécessaire à la respiration; peut-être aussi servent-ils d'organes du toucher.

Les cils vibratiles donnent aux Infusoires leur physionomie spéciale, et ont permis de les différencier de tous les autres Protozoaires. On trouve aussi des cils chez des espèces végétales à l'état jeune, et chez les larves de Cœlentérés, de Mollusques et de Vers. Mais, parmi les Protozoaires, les Infusoires seuls sont ciliés. Les cils sont distribués de façon très différente, suivant les espèces. Chez les *Holotricha*, ils sont disposés régulièrement sur toute la surface du corps, et ils ont tous à peu près la même longueur; chez les *Heterotricha*, ils entourent également toute la surface du corps, mais ils sont inégaux. A ce groupe appartiennent les *Stentors*, qui présentent de longs cils insérés autour d'un plateau circulaire se prolongeant jusqu'à la bouche. Ce plateau est un organe rotatoire, analogue à celui des Rotifères: il détermine des tourbillons dans l'eau et l'affluence des corps étrangers vers la bouche : ces êtres ont le reste du corps couvert de cils fins. Chez les *Hypotricha*, les cils sont placés sur la face ventrale du corps et servent à la locomotion. Chez les *Peritricha*, ils forment une rangée circulaire ou spirale à la partie antérieure du corps, et conduisent à la bouche. C'est

ce qu'on observe chez les Vorticelles, espèces ses-
siles qui n'ont d'autres cils que ceux qui servent
à la préhension des aliments : le reste du corps
est nu.

On a beaucoup discuté sur la valeur morphologique des cils vibratiles : plusieurs micrographes
ont soutenu que les cils dépendent uniquement de
la membrane d'enveloppe, et n'ont aucun rapport
avec le protoplasma. Telle était, notamment, l'opinion de Robin : elle est complètement fausse. Les
cils ne sont jamais de simples prolongements de
la cuticule, ils ont leur racine dans la substance
protoplasmique : ils passent par des orifices de la
cuticule qui est par conséquent criblée d'une mul-
titude de petits trous. Engelmann, dans des observations récentes[1], a pu suivre l'extrémité des cils
vibratiles jusque dans l'intérieur du protoplasma :
il a fait cette observation sur les cils marginaux
du Stylonychia; il a vu partir de chacun de ces fils
une fibre pâle qui s'avance presque immédiatement
sous la cuticule dans une direction perpendiculaire
au bord latéral du corps : vers la ligne médiane de
la face ventrale, les fibres sont parfois mises à nu,
quand le corps de cet Infusoire se vide de sa
substance protoplasmique : les fibres ont alors l'aspect de cordes tendues. Engelmann voit dans cette
observation une confirmation de l'opinion que le
corps de l'infusoire est formé d'une cellule unique.

[1] *Pflüger's Arch.*, t. XXII. 1880.

car. d'après d'autres observateurs. il existe aussi dans les cellules vibratiles des stries filiformes qui paraissent continuer les cils. et qui traversent le protoplasma de la cellule dans toute sa longueur[1].

On pourrait ajouter à cette observation directe plusieurs autres faits montrant que les cils vibratiles sont bien des prolongements du plasma. Les cils se comportent comme le protoplasma cellulaire sous l'action des réactifs : ils sont coagulés par les acides et dissous par les alcalis faibles. tandis que la cuticule résiste davantage à ces mèmes agents.

Ces appendices vibratiles ne sont pas sans analogie avec les pseudopodes des cellules nues ; c'est ce que Dujardin, un naturaliste français, a démontré en 1835, bien qu'on ait rapporté depuis l'honneur de cette découverte aux Allemands. Dujardin[2] a constaté que le mouvement amiboïde et le mouvement ciliaire ne sont que deux manifestations de la propriété contractile du protoplasma. En effet. si au lieu d'examiner un pseudopode à contours lobés comme celui de l'amibe, on observe les pseudopodes grêles et filamenteux des Foraminifères, on voit que l'extrémité du filament est animée du même mouvement vibratoire que le cil vibratile.

On a observé toutes les transitions entre les cils fins et délicats et les gros cils, effilés en forme de

[1] Rouget. *Revue scientifique*, 15 mars 1884.
[2] *Annales des sciences naturelles*, 1835. t. IV. p. 348 et 361.

stylet, auxquels on a donné le nom de cirres[1]:
d'ailleurs, les cirres sont formés par des cils agglutinés: à l'aide de certains réactifs, on arrive à les
dissocier.

Une observation faite par M. Balbiani sur un
infusoire cilié, le *Didinium nasutum* (voir plus loin
les figures), montre que le mouvement des cirres
n'est pas un mouvement involontaire comme celui
des cils de l'épithélium vibratile, avec lequel il a
été souvent comparé, mais qu'il est parfaitement
soumis à la volonté de l'animal, tout comme le
mouvement des organes locomoteurs des animaux
plus élevés en organisation.

« Le *Didinium* porte deux rangées de cils vibratiles, égaux, assez forts, disposés transversalement
autour du corps, sous forme de deux ceintures ou
couronnes. Sur tout le reste de sa périphérie, l'animal est entièrement dégarni de cils, mais sa double
ceinture vibratoire lui suffit amplement pour exécuter dans l'eau les évolutions les plus rapides et
les plus variées. Non seulement il nage aussi facilement en avant et à reculons, mais la progression
dans les deux sens est toujours accompagnée d'un
mouvement de rotation rapide de l'animal autour
de son axe longitudinal, comme cela s'observe
aussi chez d'autres infusoires à corps cylindrique.
Les deux rangées de cils agissent toujours de con-
cert pendant la locomotion, et c'est la direction que

[1] Ces organes sont encore connus sous les noms de cornicules,
crochets, pieds-rames, pieds-marcheurs, etc.

6.

l'animal leur donne qui détermine le sens dans
lequel il veut se mouvoir. Dans la progression en
avant, tous les cils sont dirigés vers la partie antérieure du corps (fig. 1). ils se renversent au contraire en arrière lorsqu'il nage à reculons (fig. 2).
L'infusoire sillonne ainsi rapidement et par sac-
cades tout le champ visuel ; de temps en temps. il
s'arrête brusquement. tout en continuant à tourner

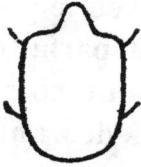

FIG. 1. — *Didinium nasutum* (Balbiani). Figure schématique de la progression en avant. Tous les cils sont dirigés vers la partie antérieure du corps.

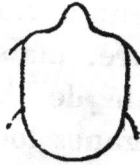

FIG. 2. — *Didinium nasutum* (Balbiani). Schéma de la progression en arrière. Tous les cils sont dirigés vers la partie postérieure du corps.

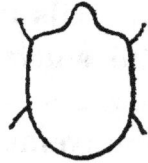

FIG. 3. — *Didinium nasutum* (Balbiani). Schéma de la rotation sur place. Les cils de la ceinture antérieure sont dirigés en avant. ceux de la ceinture postérieure sont dirigés en arrière.

rapidement sur place autour de son axe, mouvement pendant lequel les deux ceintures ciliées
battent l'eau en sens contraire. l'antérieure étant
renversée en avant, tandis que la postérieure est
dirigée en arrière (fig. 3). Il en résulte que les
effets de ces petits appareils locomoteurs se neu-
tralisent à la manière de deux hélices agissant en
sens opposé, et que l'animal demeure en place,
tout en tournant rapidement sur lui-même, tantôt
horizontalement, tantôt verticalement sur son
appendice conique, comme sur un pivot. »

Certains Infusoires, par exemple le *Condylostoma*

patens, qui a été bien étudié par M. Maupas, possèdent à la fois les deux genres d'appendices, les cils et les cirres. Les premiers, qui couvrent la surface dorsale de l'animal, sont fins, très serrés et animés d'un mouvement vibratile rapide et sans repos. Les cirres, qui recouvrent la face ventrale, sont espacés : de plus, ils ne vibrent pas rapidement ; leurs mouvements sont lents, et lorsque l'infusoire se déplace, on les voit se porter successivement sur la lame de verre et s'y appuyer, à la façon d'un pied, pour faire avancer le corps. Lorsque l'animal demeure en place, les cirres sont absolument immobiles, tandis que les cils continuent leur mouvement vibratile. Cette observation, qu'on peut également faire sur les Oxytrichides, montre que les cils vibratiles sont les organes du mouvement involontaire, et que les cirres sont soumis plus directement à la volonté. Le fait est démontré par les expériences de Rossbach [1], qui a vu que, sous l'influence d'abaissements de température (de + 25 à + 4) ou d'élévations de température (de + 35 à + 40) ou sous l'influence de substances chimiques diverses, les gros cils, organes du mouvement volontaire, se paralysent, tandis que les cils fins et délicats continuent leurs mouvements, qui ne paraissent pas influencés par la volonté. Sous l'empire de ces seuls mouvements, le corps entier entre en rotation jus-

[1] *Arbeiten aus dem zoolog. Institut in Würzburg*, herausgegeben von Prof. C. Semper, Bd. I, p. 9 ; 1872.

qu'à ce que les cils vibratiles soient à leur tour
paralysés.

Outre les cils et les cirres, on trouve chez les
Infusoires des appendices en forme de membranes,
garnissant la partie antérieure du corps ou le péristome : ces membranes servent à déterminer dans
l'eau des tourbillons destinés à amener dans la bouche des particules alimentaires flottantes. Ce sont là
des modifications du cil vibratile ; ces membranes sont
formées, comme les cirres, par des cils agglutinés.

Le flagellum. — L'étude du troisième organe
locomoteur, du flagellum, nous amène à parler de
la classe des Mastigophores et plus particulièrement du groupe des Flagellés. Ce sont des Protozoaires de très petite taille, beaucoup plus petits
dans leur ensemble que les Infusoires ciliés. Ils
ne présentent point de cils vibratiles, mais ils sont
toujours munis d'un ou de plusieurs appendices
filamenteux qui ont la forme d'un long fouet: c'est
le flagellum. Ce fouet a, comme tous les organes
locomoteurs étudiés jusqu'ici, deux fonctions : c'est
à la fois un organe de locomotion et un organe de
préhension. Le flagellum est le plus souvent simple
ou double (voir ci-après la fig. 4 représentant l'*Euglena deses* avec son flagellum unique); on en
compte quelquefois un plus grand nombre, quatre,
six, huit, dix et davantage. Sous le rapport de
l'insertion, on rencontre les mêmes variations.
Quelquefois les flagellums sont très nombreux et
paraissent s'implanter sur le même point de la sur

face du corps, en formant un pinceau ou un panache. Chez d'autres espèces, on trouve plusieurs flagellums dirigés en avant, naissant à l'extrémité antérieure du corps, et des filaments postérieurs ou

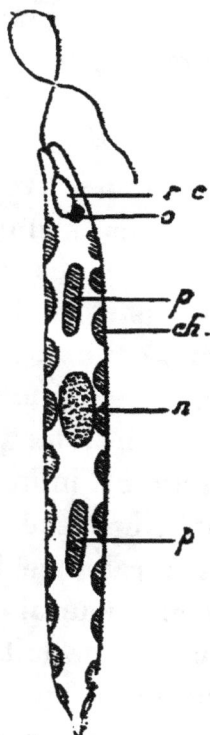

Fig. 4. — *Euglena deses*.

r. c. = Réservoir contractile. — o. = OEil. — p = Plaque de paramylone.
ch. = Chromatophores. — n. = Noyau.

caudaux, qui sont renversés en arrière. C'est ce qui existe dans le genre *Trichomonas*; les flagellums antérieurs servent à la locomotion de l'animal, peut-être aussi à la préhension des aliments; au contraire, les flagellums postérieurs sont uniquement des organes de locomotion : ils ressemblent à une queue trainante et remplissent les fonctions d'un gouvernail.

On peut signaler en passant la grande ressemblance morphologique des Flagellés avec les spermatozoïdes des animaux. les anthérozoïdes et les zoospores des végétaux. Les organes de propulsion de ces êtres sont les mêmes.

Le Protozoaire exécute avec son flagellum des mouvements très variés. s'effectuant tantôt dans une direction. tantôt dans une autre, et dans des plans divers; parfois l'animal le recourbe entièrement; mais le plus souvent. lorsqu'il s'en sert comme organe de préhension. il l'étend devant lui tout de son long; la partie basilaire demeure complètement immobile et rigide. tandis que l'extrémité libre exécute seule des mouvements destinés à rabattre les aliments jusqu'à la bouche qui est en général située à la base du flagellum. Ehrenberg donnait au flagellum le nom de trompe; sa singulière mobilité le rend digne de ce nom. Le flagellum est. comme le cil vibratile. une expansion du protoplasma. à travers la membrane d'enveloppe. M. Certes a observé un Protozoaire dont le flagellum rentrait par moments dans la masse du corps avec laquelle il se confondait; il était remplacé par un pseudopode qui bientôt s'effilait et prenait la forme d'un flagellum.

Bütschli a fait récemment sur cet organe moteur une observation intéressante. Dans certaines cir-

constances, les Péridiniens (Dino-flagellés) rejettent
leur long flagellum et entrent à l'état de repos : ils
le régénèrent tout aussi facilement. Chez le *Glenodinium cinctum*, Bütschli a vu le flagellum s'enrouler d'abord en tire-bouchon, puis se détacher
brusquement de l'animal : devenu libre, il s'agite
pendant plusieurs minutes dans le liquide avant de
s'immobiliser[1]. Cette observation permet de répondre
aux naturalistes qui prétendent que le cil vibratile
est une dépendance de la cuticule, en se fondant
sur ce fait que lorsqu'on isole de la cellule les cils
avec le plateau de la cuticule où ils se sont insérés,
les cils continuent à se mouvoir : on vient de voir
que le flagellum se meut alors même qu'il est séparé de la cuticule : cette persistance des mouvements s'explique d'ailleurs suffisamment par la
nature protoplasmique des cils et du flagellum.

A un autre point de vue, l'observation de Bütschli nous donne un curieux exemple de ces phénomènes d'*autotomie* qui ont été étudiés dernièrement
par Frédéricq.

Les pseudopodes, les cils vibratiles et le flagellum constituent les trois organes moteurs les plus
répandus dans le règne des Protistes. On a en
outre décrit chez les Infusoires des différenciations
particulières du protoplasma, que l'on a pu comparer aux fibres musculaires des animaux supérieurs. Les Vorticelles sont portées sur des pédon-

---

[1] *Morphologisches Jahrbuch*, t. X, 1885, p. 534.

cules contractiles. Ce sont des filaments susceptibles de s'enrouler en tire-bouchon quand l'animal
est inquiété. Certains Infusoires peuvent modifier
la forme de leur corps par une contraction brusque :
on les a appelés *métaboliques*; tels sont les Stentors.
les Prorodons. les Spirostomes. On a appelé. par
opposition. amétaboliques. ceux qui ne changent
pas leur forme. par exemple les Paramécies. D'a-
près des observations de Lieberkühn. qui remontent
à 1857, les Infusoires métaboliques ont le corps
divisé en bandes larges. granuleuses. séparées par
des filaments brillants. On s'est demandé quel est
l'élément contractile : est-ce la bande. est-ce le
filament? Oscar Schmidt, Kœlliker, Stein, Rouget
croient que c'est la bande qui se contracte. Cette
opinion s'appuie sur le fait suivant que M. Rouget
a vu le premier : au moment où l'animal se contracte, la bande présente des stries transversales ;
cette apparence tient à ce que les bandes contiennent à l'état de repos de petites granulations qui,
pendant la contraction de l'animal. se disposent en
séries transversales, de façon à rappeler les *sarcous
elements* de Bowman.

Lieberkühn. Greef, Engelmann attribuent le rôle
actif au filament brillant. Engelmann[1] a fondé son
opinion sur ce fait qu'il a reconnu au filament la
propriété de la double réfraction, qui, suivant lui,
appartient à toutes les substances contractiles.

[1] *Arch. de Pflüger*, 1876.

tandis que la substance qui sépare les filaments ne présente que la réfraction simple.

Quoi qu'il en soit, il y a un de ces éléments qui a la propriété de se contracter, et qui mérite le nom de *myophane*, que Hæckel lui a donné. Il est très remarquable que les stries fibrillaires sont, chez les Stentors et les Spirostomes, en connexion intime avec l'extrémité basilaire des cils vibratiles. Chez les Vorticelles, on voit nettement les fibrilles converger vers l'axe du style, dont elles constituent l'élément contractile.

Nous ne quitterons pas l'étude des organes moteurs sans dire un mot des mouvements rythmiques que l'on voit se produire dans la vésicule contractile des Micro-organismes tant végétaux qu'animaux. Cette vésicule est une petite cavité qui est creusée dans le protoplasma, et qui alternativement augmente et diminue de capacité. On n'est point d'accord sur sa fonction : Bütschli et Stein la considèrent comme un appareil sécrétoire. Ses pulsations sont très régulières. Leur nombre est constant pour chaque espèce. Chez le *Chilodon cucullulus* il se produit une pulsation chaque deux secondes ; chez le *Cryptochilum nigricans*, toutes les trois secondes ; chez les Vorticelles, toutes les huit secondes ; chez les *Euplotes*, toutes les vingt-huit secondes ; chez l'*Acineria incurvata*, toutes les six minutes. Rossbach dont nous avons cité déjà les expériences curieuses sur les cils vibratiles et les cirres, a fait des expériences analogues sur les vésicules

contractiles. Il a vu notamment que, sous l'action
des alcaloïdes, la vésicule contractile s'arrête en
diastole et se dilate énormément: mais l'agent
toxique n'agit pas de suite sur les mouvements de
la vésicule; il commence par paralyser les gros cils
qui sont sous l'influence de la volonté. Les mouvements de la vésicule, comme ceux des petits cils,
persistent beaucoup plus longtemps. M. E. Maupas
a vu des Paramécies, tuées par une décharge de
trichocystes, devenir complètement immobiles,
avec leurs cils vibratiles inertes et rigides : la vésicule contractile continuait à pulser avec la même
activité ; cette activité se prolongea pendant une
heure.

Nous venons d'examiner sommairement la morphologie des organes moteurs chez les Micro-organismes.

Il est assez difficile de déterminer le processus
physiologique des mouvements produits par ces
organes. Les mouvements les plus simples et les
plus faciles à comprendre sont ceux par lesquels
une cellule vivement et brusquement irritée rétracte
ses prolongements et prend la forme sphérique ;
ce changement de forme peut être expliqué par
une condensation active du protoplasma, qui devient
le siège du même phénomène que le muscle qui
se contracte. Les modifications brusques que l'on
voit se produire dans la forme des Infusoires dits
métaboliques s'expliquent aussi par un phénomène
analogue, d'autant plus évident que les Infusoires qui

possèdent cette propriété. présentent dans la couche corticale de leur protoplasma (ectosarc) des bandes granuleuses qu'on a comparées avec plus ou moins de raison aux muscles des animaux plus élevés. Les déplacements du corps déterminés par les pseudopodes. par les cils vibratiles et par le flagellum. sont plus difficiles à interpréter: il est cependant probable que le mouvement provient des contractions du protoplasma. qui se produisent soit dans l'ectosarc. soit dans l'organe moteur lui-même : ce dernier est automobile. comme cela se voit. par exemple. lorsqu'un flagellum séparé du reste du corps continue a se mouvoir dans le liquide.

On sait combien de discussions se sont élevées sur la manière dont se contracte le pédicule sur lequel les Vorticelles sont montées. Plus obscur est le mouvement oscillatoire des Bactéries. Ces petits êtres sont très mobiles quand ils se trouvent dans un liquide ; ils présentent souvent un mouvement d'oscillation qui les porte tantôt en avant. tantôt en arrière. On a voulu expliquer ces mouvements par la présence d'organes de locomotion. de filaments très déliés. placés à une des extrémités des Bactéries en bâtonnet: mais l'existence de ces organes n'a pas été mise hors de doute. Plus obscur encore est le mouvement qu'on observe chez certaines Grégarines. Ces animaux présentant une taille souvent considérable. il semble qu'on devrait plus facilement saisir le principe de leurs mouvements que chez des êtres aussi petits que les Bactéries : cependant il n'en est rien. Les Polycystidés ont un mouvement très singulier de translation totale. rectiligne. uniforme : l'animal paraît glisser tout d'une pièce sur le porte-objet : il peut aller à droite. à gauche. suspendre son mouvement. le reprendre: il est libre de son allure. Or. pendant ce mouvement. on ne voit rien se passer soit à l'extérieur. soit à l'intérieur du corps. On observe un fait analogue chez les Diatomées. On a voulu expliquer cette mystérieuse translation des Grégarines par une ondulation imperceptible du sarcode : mais s'il se produisait des ondulations quelconques, on devrait observer un mouvement corrélatif dans les granulations intérieures; or. c'est ce qu'on ne voit jamais [1].

Il existe donc encore beaucoup d'obscurité sur le principe du mouvement chez les Proto-organismes. Les théories qu'on s'est faites sur la contraction musculaire, en observant les animaux supérieurs. ne sont point toujours suffisantes pour expliquer la motilité de certains Protozoaires et Protophytes.

Système nerveux. — On n'a pas trouvé jusqu'ici dans un seul Proto-organisme le moindre rudiment d'un système nerveux central. La fonction nerveuse. chez ces êtres inférieurs. reste dévolue au protoplosma [2], qui est irritable. qui sent et qui se

[1] Balbiani, *Leçons sur les Sporozoaires*, 1884.

[2] Nous entendons ici par protoplasma le corps cellulaire tout entier; nous chercherons plus tard à établir une distinction de fonctions entre le protoplasma proprement dit et le noyau.

meut, et qui même, chez certaines espèces, comme
nous le verrons plus tard, est capable d'accomplir
certains actes psychiques dont la complexité paraît
hors de proportion avec la petite quantité de matière pondérable servant de substratum à ces phénomènes. Il n'y a pas d'ailleurs lieu de s'étonner
qu'une masse indifférenciée de protoplasma puisse
exercer les fonctions d'un système nerveux véritable : tout élément nerveux n'est en somme qu'un
produit de différenciation du protoplasma : ce dernier résume en lui toutes les fonctions qui, par
suite d'une division du travail ultérieure, chez les
êtres pluricellulaires, ont été réparties entre des
éléments distincts.

On a donc dit avec raison que, s'il n'existe point
de système nerveux anatomiquement différencié
chez les organismes inférieurs, il faut admettre
cependant que leur protoplasma contient *un système nerveux diffus*. Parmi toutes les observations
qui appuient cette idée, il faut en citer une sur
laquelle M. Gruber, professeur à Fribourg en Bris-
gau, a récemment appelé l'attention. Cette observation a été faite sur un gros Infusoire cilié, le
Stentor, dont il sera si souvent question par la
suite qu'il est utile d'en donner par avance la dia-
gnose sommaire.

Le Stentor a un corps allongé, élargi en avant
en entonnoir, et pouvant se fixer par son extrémité
postérieure. Le bord de son péristome est recouvert d'une zone de cils vibratiles disposés suivant

une ligne spirale. La bouche occupe le point le plus enfoncé du péristome.

Le corps de l'animal est strié par des bandes longitudinales ; au niveau du péristome, ces bandes affectent une direction différente : elles deviennent

Fig. 5. — Stentor en voie de division.

transversales et spirales. Dans l'intérieur du protoplasma on remarque une vacuole contractile et un noyau en chapelet, formé d'un grand nombre de grains. Cet infusoire se multiplie, comme tous les Ciliés, par fissiparité ; on voit se produire au milieu de son corps un étranglement ; le segment qui se trouve au-dessous de l'étranglement régénère un péristome semblable à celui du segment supérieur; puis il se forme une seconde vacuole contractile, et bientôt les deux segments représentent deux animaux complets, qui possèdent tous leurs organes. Cependant, les deux Stentors continuent à se trouver réunis pendant un certain temps par un pont de substance, situé au niveau du point où s'est fait l'étranglement: ce pont de substance s'amincit peu à peu, et devient aussi ténu qu'un fil. (Fig. 5.) Or, Gruber a observé que les deux Stentors réunis par ce pont de protoplasma montrent une parfaite harmonie dans leurs mouvements; ils se dirigent toujours en même temps dans le même sens; et cette harmonie est nécessaire, car la moindre contrariété dans leurs mouvements suffirait pour briser le faible lien qui les réunit. De plus, leurs cils vibratiles battent à l'unisson. Pour expliquer cette concordance entre les mouvements des deux animaux, Gruber suppose que toute la masse de leur protoplasma joue le rôle d'un système nerveux diffus, qui a pour effet de régulariser leurs mouvements et de les faire concorder.

On pourrait ajouter que les Infusoires ne possèdent pas seulement un système nerveux diffus, mais qu'ils doivent posséder des centres nerveux spéciaux et doués de propriétés différentes.

On se rappelle en effet que, sous l'influence de certains agents toxiques, la mort n'est pas simultanée pour toutes les parties de l'organisme. Ce

qui meurt le premier, ce sont les mouvements volontaires des gros cils; les mouvements des cils fins
peuvent persister plus longtemps; et enfin, quand
tous les cils sont devenus immobiles et rigides, on a
vu encore la vésicule pulser pendant une heure. Cette
mort successive rappelle ce que l'on observe chez
les Vertébrés; sous l'influence des agents toxiques,
le cerveau meurt le premier, puis vient la moelle et
en dernier lieu le bulbe, qui est l'*ultimum moriens*.

III

Les organes des sens. — Tous les Micro-organismes
sont doués de sensibilité; quelques-uns même,
comme les Infusoires, ont une sensibilité exquise.
Mais on n'a trouvé jusqu'ici que dans un petit
nombre d'espèces des organes sensoriels anatomiquement différenciés. On considère en général les
expansions protoplasmiques que nous avons dé-
crites plus haut sous le nom de pseudopodes comme
remplissant la fonction d'organes rudimentaires du
tact qui avertissent le Micro-organisme de la présence des objets qui se trouvent sur sa route; mais
ces pseudopodes, qui servent en même temps d'appareils moteurs, ne présentent aucune structure les
destinant spécialement à la réception des impressions sensitives. Stein considère également les cils
vibratiles comme des organes du toucher. Comme
ce sont là des organes qui n'ont subi aucune diffé-

renciation, nous ne nous y arrèterons pas. Les Infusoires appartenant au genre *Bryptochilum* (Maupas) portent à leur extrémité postérieure une longue soie rigide, que M. Maupas considère comme un organe tactile, destiné à avertir l'animal de l'approche des autres Infusoires.

Nous parlerons plus longuement de l'organe visuel, qui a été l'objet de nombreuses études, dont quelques-unes sont toutes récentes et intéressent au plus haut degré la physiologie et la psychologie générales. L'œil est de tous les organes des sens celui qui s'est différencié le premier. On le rencontre chez des organismes appartenant tant au règne végétal qu'au règne animal. Tandis que ces petits êtres ne paraissent posséder aucun organe spécialement adapté par sa structure à la réception des impressions tactiles, olfactives ou gustatives, un grand nombre présentent déjà une tache oculaire, c'est-à-dire un organe différencié, servant à la vision et ne servant qu'à cela.

Occupons-nous d'abord de l'œil des Protozoaires.

C'est surtout dans le groupe des Flagellés, et principalement chez les espèces colorées en vert par la chlorophylle (par ex. les Euglènes), que l'on trouve des taches oculaires; ces taches, qui sont colorées en rouge vif, se présentent très nettement à l'observation, car elles tranchent sur le plasma incolore de la partie antérieure du corps, où elles se localisent en général. On rencontre aussi des

7.

taches oculiformes dans des espèces à chlorophylle
jaune (*Uroglena volvox*, etc.). En général, il n'existe
qu'une tache, placée à la base du flagellum. C'est
ainsi notamment qu'elle se présente chez l'*Euglena
viridis*, petit infusoire flagellé, très abondant dans
les eaux douces qu'il recouvre parfois d'une épaisse
couche verte.

Chez le *Synura uvella*, flagellé colonial, il existe

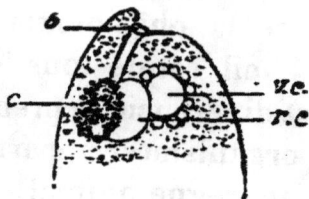

Fig. 6. — Extrémité antérieure de l'*Euglena Ehrenbergii* (d'après Klebs).
b. = Bouche et œsophage. — *o.* = Œil. — *v. c* = Vésicule contractile.
r. c. = Réservoir contractile.

sur chaque individu, à la partie antérieure du
corps, des taches nombreuses, variant de deux à dix.

Nous donnons ci-joint une figure représentant
l'extrémité antérieure de l'*Euglena Ehrenbergii*,
d'après Klebs. On y voit une grande tache oculaire
adossée au réservoir contractile. Ehrenberg, trompé
par l'apparence de ces deux organes, avait pris le
réservoir contractile pour un ganglion nerveux.

Ce n'est pas seulement dans le groupe des Protozoaires qu'on rencontre des taches rouges; elles sont
tout aussi répandues parmi les Micro-organismes
végétaux. Un grand nombre de zoospores colorées
en vert présentent à l'extrémité antérieure et généralement incolore de leur corps, un petit point

rouge qui paraît avoir exactement la même structure que la tache rouge des Euglènes. Stein se fon-
dait sur ce fait pour soutenir que la tache des Euglènes n'est pas un œil; il lui semblait impossible
d'admettre que des Proto-organismes végétaux fus-
sent en possession d'un organe visuel. C'est là un
bel exemple d'idée *a priori*. Nous verrons plus loin
que l'idée de Stein est aujourd'hui complètement
abandonnée; on en prend même la contre-partie,
car on considère l'œil des Protistes comme destiné
principalement à diriger une fonction végétale.

Klebs a pu étudier la structure des taches oculaires en se servant d'un ingénieux artifice. Lorsqu'on
traite les Euglènes par une solution à 1 p. 100 de
sel marin, on détermine une dilatation énorme de la
vésicule contractile creusée dans le protoplasma de
l'animal ; or, comme la tache rouge est pour ainsi
dire collée sur la vésicule, elle subit la même dilatation, ce qui facilite l'observation. On a reconnu
ainsi que la tache est une petite masse discoïde ou
triangulaire, à contour irrégulier, déchiqueté; elle
est formée de deux substances ; elle a pour base une
petite masse de protoplasma réticulé, et dans les
mailles de ce protoplasma se trouvent des gouttelettes d'une substance huileuse, colorée en rouge.

Ce pigment rouge, auquel on a donné le nom
d'hématochrome, n'est pas sans analogie avec le
pigment vert de la chlorophylle, car ce dernier
rougit sous certaines influences. Par exemple, le
pigment chlorophyllien qui remplit tout le corps de

l'*Haematococcus pluvialis* devient rouge, quand
l'animal passe à l'état de repos; de même les spores
dormantes des algues prennent une teinte rouge :
de même aussi. chez beaucoup de végétaux, les
parties de la fleur destinées à devenir rouges sont
vertes lorsqu'elles sont enfermées dans le bouton.
Il est donc probable que la pigmentation rouge des
Euglénoïdiens dérive d'un pigment vert.

Quelle est la signification physiologique de ces
taches? Ehrenberg les considérait comme des yeux ;
de là le nom de *Euglena* (mot à mot, bel œil), qu'il
avait donné a une espèce de Flagellés munis de
taches oculaires. Cette interprétation avait été ré-
voquée en doute par tous les auteurs de son époque, notamment par Dujardin. Aujourd'hui les naturalistes y reviennent. par suite des observations
qui ont été faites sur d'autres Micro-organismes qui
possèdent un œil complet.

M. Pouchet a décrit chez le *Glenodinium polyphemus*, qui appartient au groupe des Péridiniens (ou Dinoflagellés, suivant la dénomination
de Bütschli), un œil sur la signification duquel on
ne peut pas se méprendre[1].

Cet œil occupe, dans la cellule du Péridinien,
une place constante ; il a une orientation et une disposition uniformes. Il est constitué de deux parties,
l'une un véritable cristallin, et l'autre une véritable
choroïde. Le cristallin est un corps en forme de

[1] *Comptes rendus de l'Acad. des Sciences*, 2 nov. 1886, n° 18.

massue, hyalin, très réfringent, arrondi à son extrémité libre, laquelle est toujours tournée en avant,
l'autre extrémité plongeant dans la masse pigmentaire qui représente la choroïde. Celle-ci est nettement limitée ; elle forme une sorte de calotte
hémisphérique, enveloppant l'extrémité postérieure
du cristallin. Dans une des deux formes de *G. polyphemus*, le pigment choroïdien est rouge, dans
l'autre il est noir.

M. Pouchet a pu constater que, sur les individus jeunes, le cristallin est formé d'abord de 6 à
8 globes réfringents, qui se fondent les uns dans les
autres pour finalement constituer une masse unique.
De même, la choroïde résulte du rapprochement de
granulations pigmentaires, d'abord éparses, qui se
groupent et finalement dessinent la calotte hémisphérique coiffant l'extrémité postérieure du cristallin.

En somme, l'organe visuel de ce Péridinien est
composé exactement des mêmes parties que l'œil
d'un Métazoaire, sauf un point, l'absence d'élément
nerveux. Celui-ci n'est point différencié, mais reste
diffus, ainsi, du reste, que l'ensemble du système
nerveux. M. Pouchet fait remarquer l'intérêt que
présente son observation au point de vue taxino-
mique. Les Péridiniens ont été parfois rapprochés
des végétaux ; la présence d'amidon et de cellulose
dans leur protoplasma a déterminé Warming à les
classer à côté des Diatomées et des Desmidiées. On
constate aujourd'hui que certains Péridiniens pos-

sèdent un œil, organe considéré jusqu'ici comme
attribut exclusif de l'animal. Rien ne fait mieux
sentir le caractère tout à fait artificiel de la distinction des animaux et des végétaux, lorsqu'il s'agit
de Micro-organismes.

Avant de quitter les Péridiniens, disons que ces
petits êtres présentent un fait intéressant au point
de vue de l'histoire des Protozoaires ; ils sont munis
d'un long flagellum : ils présentent de plus une
ligne équatoriale sur laquelle on avait cru autrefois
reconnaître une couronne de cils vibratiles : cette
coexistence supposée d'un flagellum et de cils avait
déterminé les naturalistes à former un groupe de
Cilio-flagellés, servant de transition entre les Flagellés proprement dits et les Ciliés. On a découvert
depuis que les Péridiniens ne possèdent pas de cils
vibratiles ; ce qui avait donné lieu à cette erreur,
c'est la présence d'un second flagellum au niveau
de la ligne transversale que nous venons de signaler : les mouvements de ce flagellum ont l'aspect
des cils vibratiles en mouvement.

Quelque temps avant le travail de M. Pouchet,
M. Künstler (de Bordeaux) a constaté, dans un Flagellé du genre *Phacus*, un œil rouge qui est également formé de deux parties ; il se compose d'un
globule homogène, jouant le rôle de cristallin, et entouré d'un pigment rouge, jouant le rôle de choroïde.

Antérieurement à M. Künstler, Claparède et Lachmann, dans leur important ouvrage sur les Infusoires et les Rhizopodes, avaient décrit chez la

Freia elegans, Infusoire cilié de la famille des Stentorinés, un organe visuel semblable. « Immédiatement en arrière de la troncature, disent-ils dans leur description, se trouve une tache semi-lunaire d'un noir intense, rentrant évidemment dans la catégorie de celles que M. Ehrenberg nomme, chez les Ophryoglènes, par exemple, un œil ou une tache oculaire. La signification de cette tache nous est restée complètement inconnue. Elle était souvent plus compacte que celle des Ophryoglènes, et parfois on distinguait derrière elle un corpuscule très transparent, qui faisait naître involontairement dans l'esprit l'idée d'un cristallin. Nous ne pouvons cependant pas ajouter trop d'importance à cette idée, puisque les fonctions d'un appareil réfringent restent nécessairement problématiques, aussi longtemps que nous ne connaissons pas en arrière de lui un appareil nerveux susceptible de percevoir les impressions. »

Cette dernière conclusion nous paraît être d'une prudence exagérée. La coexistence d'un pigment et d'un cristallin suffit amplement pour caractériser un organe visuel. Quant à l'appareil nerveux susceptible de percevoir les impressions, il est remplacé par le protoplasma, qui est, comme on sait, sensible à la lumière.

Antérieurement encore, en 1856, Lieberkühn a décrit chez un Infusoire cilié, le *Panophrys flavicans*, une tache oculaire, composée d'un cristallin convexe, ayant la forme d'un verre de montre.

enveloppé de pigment et placé sur le côté concave de la fosse buccale. Chez une autre espèce, l'*Ophryoglena atra*, il a trouvé du pigment noir, mais pas de cristallin.

Il est impossible de douter que ces organes soient des yeux, car ils ont la même structure que l'œil d'animaux comparativement supérieurs, tels que certains vers, turbellariés, rotifères, crustacés inférieurs, etc. ; l'œil de ces derniers animaux est formé semblablement d'un petit globule cristallin enchâssé dans une petite masse de matière pigmentaire. L'identité de structure conduit naturellement à admettre l'identité des fonctions.

L'œil des Euglènes est le plus simple de tous; il est même réduit à son maximum de simplicité, puisqu'il se compose d'une tache de pigment. Ce qui détermine à croire que cette tache est un organe visuel, c'est la présence de ce pigment. On trouve en effet du pigment dans les organes visuels les plus élémentaires. Un second argument pourrait être invoqué : le pigment rouge de l'Euglène présente les mêmes réactions que la matière colorante qui imprègne les bâtonnets de la rétine, chez les Vertébrés. Parmi ces réactions communes, nous citerons la décoloration sous l'influence de la lumière (Capranica).

Quoi qu'il en soit, ce qui est certain, c'est que les Euglènes sont très impressionnables à la lumière. Lorsqu'on les conserve dans un vase, on les voit tapisser constamment le côté éclairé.

M. Engelmann [1] a constaté que la lumière agit très
vivement sur ce petit animal : elle n'agit pas directement sur la tache pigmentaire, ni, comme on
l'avait pensé, sur le flagellum, mais sur le protoplasma qui est placé en avant de la tache. L'objectif
micro-spectral spécial qui a été construit par
M. Engelmann, permet de constater que les Euglènes s'accumulent surtout entre les raies F et G
du spectre.

En ce qui concerne les Micro-organismes végétaux, nous avons déjà dit qu'un grand nombre de
zoospores d'algues présentent, à la partie antérieure du corps, des taches oculaires d'une belle
couleur rubis : ce sont des organes qui ont probablement la même structure que les taches rouges
des Euglènes. De plus, il est probable que certains
Microphytes possèdent des organes visuels plus
complexes, composés de pigment rouge et d'un
cristallin. M. Balbiani m'a récemment rendu témoin
de ce fait sur le *Pandorina morum*, colonie sphérique de Micro-organismes verts : dans chaque
colonie, il existe un certain nombre d'individus
qui possèdent une tache rouge dont le contour est
régulièrement circulaire : si l'on examine cette
tache avec un fort grossissement (avec le 18e
à immersion homogène, de Zeiss), on constate
facilement qu'elle est formée d'un petit globule
sphérique, entouré, sur une portion de sa surface,

[1] *Bot. Zeitung*, 1881, 1883, 1884, 1886.

par une couche de matière rouge. Cette observation est d'autant plus intéressante qu'elle est faite sur un être dont la nature végétale n'est plus mise en doute aujourd'hui : les Pandorina sont des Volvociniens que les botanistes modernes placent parmi les algues. Nous sommes heureux de donner la primeur de ce fait à nos lecteurs.

En décrivant l'œil des Protistes, nous avons dit que l'œil est le seul organe des sens qui se soit nettement différencié chez ces êtres inférieurs. Mais cette assertion est peut-être trop absolue. Quelques espèces se présentent à l'observation munies de petits organes qui pourraient bien avoir reçu une fonction sensorielle. Tel est par exemple le *Loxodes rostrum*, superbe infusoire cilié, remarquable par son rostre et par le voile musculaire qui ferme sa bouche. Cet animal présente le long de sa face dorsale une rangée de petits organes qui paraissent destinés, par leur structure, à jouer un rôle dans l'audition. Ils sont formés d'une vésicule dont le centre est occupé par un globule réfringent ; on les appelle des vésicules de Müller, du nom de Johannes Müller, qui les a découverts. Les organes auditifs qu'on a décrits chez les Vers et les Cœlentérés se composent semblablement d'une capsule vésiculiforme renfermant une concrétion solide, appelée otolithe. Il est donc possible que les vésicules de Müller soient des vésicules auditives : on n'a rencontré jusqu'ici cet organe chez aucune autre espèce de Protozoaire.

CHAPITRE II

LA NUTRITION

I

Phénomènes psychiques relatifs à la respiration. — Recherche de l'oxygène par les Bactéries de la putréfaction. — Observation d'Engelmann.

II

Phénomènes psychiques relatifs à la nutrition. — La nutrition végétale ou holophytique. — Les chromatophores. — Structure des chromatophores. — Coïncidence entre la présence d'un œil et celle de pigment chlorophyllien. — Comparaison entre l'Euglène et le Peranema. — La Nutrition par endosmose ou saprophytique. — La Nutrition animale, choix de la nourriture. — Préhension des aliments chez l'Amibe, chez l'Actinophrys, chez la Monade, chez l'Acinète. — Opinion de M. Maupas sur le choix de préférence. — Capture des aliments. — Les Ciliés à tourbillon. — Les Ciliés chasseurs. — L'Amphilepte. — Le *Didinium nasutum*. — Les mouvements de défense et de fuite.

III

Les colonies d'êtres unicellulaires ont pour point de départ les segmentations d'une cellule mère. — Colonies temporaires, qui se forment au-dessous de la cuticule. — Le Gonium. — L'Eudorvna. — Le Volvox. — La division du travail dans une colonie de Volvox. — Différence entre un être pluricellulaire et une colonie d'êtres unicellulaires. — Associations volontaires. — Le *Bodo caudatus*.

IV

Considérations sur la psychologie des Micro-organismes. — Leurs actes si divers sont des réponses directes aux stimulus du monde extérieur. — Perception des corps extérieurs. — Le choix. — L'estimation du point occupé par les corps extérieurs. — Mouvements des Micro-organismes.

I

Après l'étude des organes, passons à l'étude des fonctions.

Nous n'avons pas l'intention de consacrer des chapitres particuliers à l'irritabilité, à l'instinct, à la mémoire, au raisonnement et à la volonté chez les Micro-organismes. Ce serait tomber dans l'abus du découpage. Notre mode d'exposition sera tout différent : nous décrirons ensemble, et dans un seul tableau, toutes les manifestations psychiques auxquelles les Micro-organismes se livrent à l'occasion d'une fonction importante de leur vie. Le présent chapitre sera consacré aux phénomènes psychiques relatifs à la nutrition.

Toute matière vivante a la propriété d'augmenter continuellement sa masse à l'aide de matériaux empruntés à son milieu, et de décroître simultanément en brûlant sa substance avec l'oxygène de l'air. Le premier de ces actes s'appelle la nutrition, et le second, la respiration.

Nous étudierons d'abord les phénomènes psychiques qui précèdent et préparent l'acte respiratoire. Ces phénomènes sont souvent fort simples et de peu d'importance. Si le Micro-organisme est aquatique, comme cela arrive le plus souvent, l'oxygène en dissolution dans le liquide traverse directement par dialyse la cuticule cellulaire et arrive en contact avec la substance du protoplasma : dans ce cas, la respiration est surtout un phénomène chimique. Mais il peut arriver que le petit organisme se trouve accidentellement dans un milieu pauvre en oxygène ; dans ces conditions nouvelles, où il devient nécessaire de chercher volontairement, par des mouvements directs, à se rapprocher des sources d'oxygène, on constate qu'un grand nombre de Micro-organismes et spécialement des Bactéries sont doués de la propriété d'apprécier la tension de l'oxygène dans les liquides où ils se trouvent. Lorsqu'on met des Bactéries de la putréfaction dans une goutte d'eau ne contenant pas d'oxygène, mais renfermant des algues à chlorophylle, ou des Englènes vertes, ou des grains de chlorophylle obtenus par l'écrasement de cellules vertes, au premier moment, il ne se passe rien ; mais si l'on éclaire la préparation pour permettre à la fonction chlorophyllienne de s'exercer, on voit les Bactéries présenter des mouvements très vifs, et se diriger toutes ensemble vers les points de la préparation où se fait le dégagement de l'oxygène, c'est-à-dire autour des grains de chlorophylle. Il s'établit dans ces circonstances un échange chimique entre la chlorophylle et la Bactérie aérobie : la Bactérie dégage de l'acide carbonique et absorbe de l'oxygène, la chlorophylle fixe le charbon de l'acide carbonique et met en liberté de l'oxygène.

Si l'on obscurcit la préparation, les Bactéries cessent d'entourer les grains de chlorophylle, parce que ces grains, mis à l'abri de la lumière, cessent de dégager de l'oxygène : le groupement se fait de nouveau si on laisse revenir un rayon de soleil.

On observe des faits analogues dans des circonstances un peu différentes. M. Balbiani a vu, dans une préparation de l'intestin du ver à soie, les Bactéries, d'abord répandues uniformément sur tous les points de la préparation, entourer les cellules vertes, non digérées, des feuilles contenues dans l'intestin, et s'y enfoncer comme pour les sucer. Dans d'autres cas, le même naturaliste a observé que les Bactéries, développées dans une goutte de sang de ver à soie, se réunissent, au bout de quelque temps, autour des globules sanguins, afin sans doute de prendre l'oxygène fixé par ceux-ci

M. Engelmann a fondé sur ces faits la méthode dite des Bactéries. Il considère les Bactéries comme un réactif vivant permettant de déceler la trillionième partie d'un milligramme d'oxygène, c'est-à-dire, suivant les calculs des physiciens, une quantité à peine supérieure à la molécule. Cette curieuse méthode a permis de trancher des problèmes biologiques restés jusqu'alors sans solution. Avant Engelmann, on ignorait si le protoplasma incolore des plantes vertes pouvait ou non dégager de l'oxygène. On sait aujourd'hui, grâce aux Bactéries, que le grain de chlorophylle est le seul point où se fait ce dégagement. La même méthode a permis de démontrer, pour des plantes diversement colorées, que le maximum de dégagement de l'oxygène coïncide avec le maximum d'absorption de la lumière. Ainsi, pour les algues vertes, le rouge et le violet du spectre sont les couleurs où les Bactéries s'accumulent le plus : ce sont celles par conséquent où le dégagement d'oxygène est le plus considérable. Or, ces couleurs correspondent aux bandes d'absorption les plus fortes de la chlorophylle. Pour les cellules jaune brunâtre, le maximum d'action est dans le vert ; pour les cellules vert bleuâtre, dans le jaune : pour les cellules rouges, dans le vert. L'auteur en a conclu qu'il existe une série de matières colorantes ayant, comme la chlorophylle, la propriété de réduire l'acide carbonique : il les appelle *chromophylles*. Enfin, par la même voie, cette méthode a permis de résoudre la question de la distribution de l'énergie dans le spectre solaire. Il est intéressant, comme le remarque M. Engelmann, de voir les Bactéries venir fixer nos idées sur la constitution de la lumière du soleil.

Les Bactéries ne sont pas les seuls êtres qui

tendent avidement à se diriger vers les points où
ils trouveront de l'oxygène. Un grand nombre
d'autres Micro-organismes se comportent de la
même façon lorsqu'ils se trouvent dans un milieu
dont l'oxygène s'est appauvri. M. Ranvier a remarqué que si l'on regarde pendant un certain temps
une préparation contenant des leucocytes et mise à
l'abri de l'air, on voit les cellules émettre de longs
prolongements vers la partie de la préparation qui
regarde du côté de l'air. Il semble donc exister,
dans le protoplasma des Proto-organismes, un sens
rudimentaire de l'oxygène.

Ce sens n'apprend pas seulement à l'organisme
la présence de l'oxygène, mais lui permet d'en
apprécier la tension. En effet, lorsque la tension
devient trop forte, on voit les organismes fuir
devant l'oxygène.

II

Il sera nécessaire de parler avec plus de détails
de la psychologie de la nutrition.

Le mode de nutrition des Micro-organismes n'est
pas uniforme, ce qui ne doit pas paraître étonnant
lorsqu'on sait que ce groupe immense est formé
d'êtres hétérogènes qui n'ont pour caractère commun que la petitesse microscopique de leur corps,
et la simplicité de leur structure. On peut distinguer sommairement trois types principaux de
nutrition :

1º La nutrition végétale, ou, selon l'expression de Bütschli, *holophytique*. C'est celle des cellules animales ou végétales qui contiennent de la chlorophylle, et qui se nourrissent en fabriquant des aliments organiques dont ils empruntent les éléments au milieu ambiant. Il est à peine besoin de rappeler que la fonction chlorophyllienne constitue une nutrition et non une respiration. On désignait autrefois ce phénomène sous le nom de respiration diurne des plantes. Ce terme implique trois ou quatre erreurs. Disons seulement que les végétaux respirent comme les animaux, en se combinant avec l'oxygène, et que cette respiration est la même pendant le jour et pendant la nuit. La fonction chlorophyllienne n'est point une respiration; elle a pour effet de décomposer l'acide carbonique de l'air, et de fixer le carbone qui sert à la plante à construire des matières ternaires ou quaternaires. Ce travail chimique est exécuté par tous les êtres à chlorophylle, sous l'influence des radiations lumineuses.

La chlorophylle n'appartient pas exclusivement au règne végétal. Un grand nombre de Micro-organismes animaux sont colorés en vert par ce pigment; en les rencontre principalement dans le groupe important des Flagellés.

Leurs appareils d'assimilation, qui existent aussi chez toutes les plantes vertes, portent le nom de chromatophores; ils ont été dans ces derniers temps, l'objet de recherches intéressantes.

Les chromatophores sont de petites masses de protoplasma qui se sont différenciées du protoplasma général en affectant une structure particulière. Ces petites masses qui portent le nom de *leucites* chez les végétaux, ont une structure granuleuse et réticulée : elles sont imprégnées d'une matière colorante verte, ou jaune, ou brune ; il existe plusieurs matières colorantes qui par leur mélange en proportions diverses forment des couleurs très variées. La plus connue, après la chlorophylle verte, est la chlorophylle jaune, ou *diatomine*. Cette matière colorante peut être absorbée par l'alcool.

Les Euglénoïdiens, les Chlamidomonadiens et les Volvociniens présentent des chromatophores énormes. Chez les Euglènes, les chromatophores sont formés de petites plaques discoïdes; il sont placés immédiatement au-dessous de la cuticule, afin que la lumière puisse agir sur eux. (Voir fig. 4.) Chez certaines espèces de Flagellés, ils se présentent sous la forme de deux grandes plaques, placées sous la cuticule, qui enveloppent le protoplasma comme une cuirasse formée de deux pièces. Les Chlamidomonadiens et les Volvociniens ont des chromatophores verts, discoïdes, très petits.

Au centre du chromatophore, on voit un petit espace clair que l'on considérait autrefois comme rempli de chlorophylle ; en réalité, c'est un petit globule solide qui offre la plus grande analogie avec la substance composant les noyaux, la nucléine ; il présente les mêmes réactions chimiques,

absorbant avec énergie les matières colorantes et
devenant plus brillant lorsqu'on le traite par les
acides. Schmitz donne à ce petit corps le nom de
pyrénoïde (de πυρήν, noyau). C'est tout autour du
pyrénoïde, et probablement sous son influence, que
se forme l'amidon : il se dépose en grains ou se
réunit en anneau autour du pyrénoïde, comme on
s'en assure facilement en le colorant par l'iode.

On observe aussi une production d'amidon chez
des Flagellés incolores, par exemple chez le *Poly-
toma uvella*. Ces êtres ne possèdent pas de chromatophores, mais Künstler d'abord, puis Fisch ont constaté que chaque grain d'amidon est attaché à une
petite masse protoplasmique incolore, qui est le
foyer de formation du grain. C'est précisément ce
qui se passe chez les végétaux, où l'on trouve des
amido-leucites incolores. Cette petite masse de
protoplasma est toujours opposée au hile du grain
d'amidon.

Comme la fonction du chromatophore s'accomplit uniquement sous l'influence de la lumière, il
en résulte que les Micro-organismes verts ont besoin
de la lumière pour se nourrir.

Or, on peut constater à ce sujet un fait bien frappant. Si l'on jette un coup d'œil d'ensemble sur le
règne des Protozoaires, on s'aperçoit qu'il existe
une coïncidence remarquable entre la présence d'un
œil et celle du pigment chlorophyllien. Les organismes pourvus d'une tache oculaire sont le plus
souvent pourvus de pigment chlorophyllien, ou,

en d'autres termes, se nourrissent comme les végétaux, en fabriquant de l'amidon sous l'influence de
la lumière. Ce fait prouve que la sensibilité à la
lumière est en quelque sorte une dépendance de la
fonction chlorophyllienne. Si les Flagellés qui ont
des chromatophores, c'est-à-dire des organes fabriquant l'amidon, ont en même temps des taches
oculaires, c'est parce que ces yeux rudimentaires
leur permettent de se porter vers la lumière, qui
est l'agent nécessaire à l'action chlorophyllienne.
Aussi, tous les Micro-organismes qui ont des yeux
se nourrissent-ils comme des végétaux. Chez eux
l'œil a pour but de diriger l'accomplissement d'une
fonction végétale.

Il est intéressant de remarquer à ce sujet que les
Euglènes pourraient se nourrir comme des animaux
car elles ont une bouche et un appareil digestif. L'o-
rifice buccal s'ouvre à l'extrémité antérieure du
corps, à la base du flagellum; il est suivi d'un court
tube œsophagien. (Voir. fig. 6, la bouche et l'œsophage d'une Euglène.) Cependant on ne voit point
l'Euglène se servir de sa bouche pour avaler des
particules alimentaires. Il y a là un problème assez
curieux: s'il est vrai, comme on l'a prétendu, que
c'est la fonction qui fait l'organe, comment expliquer l'existence et surtout la genèse de cet appareil
digestif qui ne fonctionne pas?

C'est si bien la présence de chromatophores qui
empêche certains Flagellés de se nourrir comme
des animaux, que chez les Flagellés sans chroma-

tophores. sans pigment chlorophyllien. comme le *Peranema*. l'appareil digestif fonctionne. Le *Peranema* est même un animal très vorace. Remarquons aussi que le *Peranema* ne présente pas de taches oculaires. comme l'Euglène verte ; et il n'en a du reste pas besoin. car il n'a pas besoin de rechercher la lumière pour fabriquer de l'amidon. Tous ces faits s'enchaînent.

Divers observateurs ont constaté l'influence de la lumière sur les organismes verts des deux règnes. Un certain degré de lumière les attire. un degré plus considérable les repousse. M. Strasburger a fait il y a quelques années des expériences suivies sur les mouvements des spores vertes vers la lumière. On a même vu que. dans l'intérieur des cellules. les grains de pigment exécutent des mouvements et s'orientent sous l'influence des radiations solaires.

2° La nutrition par endosmose. ou *saprophytique*. L'être se nourrit en absorbant par toute la surface de son corps les liquides contenant des produits de décomposition de végétaux ou d'animaux. Les êtres saprophytiques se rencontrent dans les eaux putrides ou dans les infusions. Ce mode de nutrition peut être considéré. au point de vue qui nous occupe, comme le plus simple de tous: il comporte peut-être une recherche de la nourriture. mais il n'exige point de mouvements appropriés pour amener la nourriture dans un appareil digestif quelconque.

3° Il existe enfin un dernier mode de nutrition, dont nous nous occuperons d'une façon toute spéciale : c'est *la nutrition animale*, par laquelle un Micro-organisme ingère des particules alimentaires solides et se nourrit comme un animal, soit à l'aide d'une bouche permanente, soit à l'aide d'une bouche adventice, qui s'improvise au moment du besoin. Ce mode de nutrition est celui de tous les animaux supérieurs. Parmi les êtres inférieurs, on le rencontre chez la plupart des Infusoires, beaucoup de Mastigophores, les Sarcodines, etc. Chez les Micro-organismes appartenant au règne végétal, on trouve la nutrition par endosmose, la nutrition chlorophyllienne, mais jamais la nutrition animale ; les Protophytes n'ont jamais de bouche et n'absorbent jamais d'aliments solides.

La nutrition animale exige, chez les êtres qui s'y livrent, des facultés psychologiques très remarquables. Ces phénomènes, dont nous allons suivre la complexité croissante en partant des Protozoaires les plus simples et en arrivant aux Protozoaires supérieurs, prouvent que ces animalcules sont doués de mémoire et de volonté. Nous grouperons nos observations sous les deux énoncés suivants :

1° Le choix de la nourriture ;

2° Les mouvements nécessaires pour la préhension de l'aliment.

Les Micro-organismes ne se nourrissent pas indistinctement et en aveugles de toutes les substances qu'ils rencontrent. Alors même qu'ils ingèrent l'aliment par un point quelconque de leur corps, ils savent très bien faire choix des particules qu'ils veulent absorber. Ce choix est quelquefois même assez étroit, car il y a des espèces qui se nourrissent exclusivement de certains aliments. Ainsi des Infusoires sont herbivores et d'autres Infusoires carnivores. Parmi les herbivores, on peut ranger les Chilodons qui se nourrissent de petites algues, de Diatomées, d'Oscillaires. La Paramécie se nourrit principalement de Bactéries. Le Leucophrys est un exemple de carnivore; il mange même des animaux plus petits de son espèce. Le *Cyrtostomum leucas* mange de tout, et même des Rotifères.

Si l'existence de ce choix dans la nourriture est un fait certain, l'interprétation qu'il faut en donner est beaucoup plus douteuse. Quelques auteurs, comme Charlton Bastian, expliquent le choix de l'aliment par un rapport de composition chimique entre l'organisme et l'aliment. Cette idée ne mène pas à grand'chose. D'autres comparent la sélection que le Proto-organisme exerce entre les objets qui se présentent à lui, à l'action de l'aimant qui choisit en quelque sorte les particules de fer confondues avec des particules d'une autre substance. Cette seconde interprétation est un témoignage de la tendance qu'ont certains naturalistes à vouloir identifier les propriétés de la matière vivante avec les propriétés physico-chimiques du monde minéral.

La seule question qui nous paraisse digne d'être

agitée est celle de savoir si le choix de l'aliment
chez les Proto-organismes résulte ou non d'une
opération psychique, comme cela a lieu par exemple
chez des êtres plus élevés. Nous avons reçu à ce
sujet une note très curieuse de M. E. Maupas, qui
tend à admettre que le choix dans les aliments
n'est pas le résultat d'un goût particulier des Micro-
organismes, mais est déterminé par l'organisation
de leur appareil buccal, qui ne leur permet pas de
prendre une autre nourriture.

Il faut donc étudier de près le mécanisme de la
préhension des aliments.

Voici ce qui se passe lorsque l'Amibe, dans sa
marche rampante, vient à rencontrer un corps
étranger. Tout d'abord, si ce corps étranger n'est
pas une substance nutritive, si c'est par exemple
du sable, l'Amibe ne l'absorbe pas ; il le repousse
avec ses pseudopodes. Ce petit fait est fort important : car il prouve que, comme nous l'avons déjà
dit, cette cellule microscopique sait exercer un
choix, et distinguer dans une certaine mesure la
particule alimentaire de la poussière inerte. Si le
corps étranger peut servir à la nourriture de l'A-
mibe, l'animal l'englobe par un procédé fort simple.
Sous l'influence de l'irritation causée par le corps
étranger, le protoplasma mou et visqueux de l'A-
mibe se projette en avant, et se répand autour de
l'aliment, à peu près comme sur le rivage de la mer
une vague se répand sur les galets ; puis, pour
continuer la comparaison qui fait assez bien com-

prendre comment les choses se passent, la vague de protoplasma revient en arrière, en entraînant à sa suite le corps étranger qu'elle a entouré. C'est ainsi que l'aliment est englobé et introduit dans le protoplasma; là, il est digéré, assimilé et disparaît lentement.

Il existe dans la couche interne de l'intestin, chez les animaux inférieurs, des cellules qui opèrent de la même façon que la cellule de l'Amibe la préhension de l'aliment solide : on les appelle des phagocytes.

Ce mode de préhension est sans contredit un des plus simples qu'on puisse imaginer, car l'organe préhenseur n'est point encore différencié. Chaque point du protoplasma de l'Amibe peut servir de bouche et de cavité digestive en enveloppant le corps étranger.

Au-dessus de l'Amibe, nous pouvons placer, au point de vue spécial de la préhension des aliments, l'*Actinophrys sol*. C'est un Héliozoaire microscopique, abondant dans la vase d'eau douce. Il émet de toutes les parties de son corps de longs pseudopodes grêles, filamenteux. Lorsqu'une proie ou un aliment quelconque s'introduit au milieu de ces rayons de filaments, le filament impressionné se rétracte vivement, entraînant vers le corps de l'Actinophrys la matière nutritive : dans d'autres cas, les filaments, en s'anastomosant, forment une sorte d'enveloppe à la proie. Au moment où ce corps arrive à une courte distance de la cellule,

une partie de la masse du protoplasma est projetée
en avant et entoure l'aliment qui est entraîné et
englobé dans le sein du protoplasma par un processus analogue à celui de l'Amibe.

Chez l'Actinophrys, toutes les parties du corps
peuvent servir de porte d'entrée à l'aliment, c'est-à-
dire jouer le rôle de bouche. C'est un être *panto-
stomaté*, suivant l'expression de W. Saville Kent.
Chez d'autres espèces, plus élevées en organisation,
ce mode d'alimentation est rendu impossible par la
cuticule qui entoure le corps ; la formation d'une
cuticule imperméable aux aliments solides entraîne
la nécessité d'un orifice buccal par lequel l'aliment
puisse pénétrer dans l'intérieur du protoplasma.

Ici encore on observe une curieuse gradation de
phénomènes. Il existe tout d'abord des être dépourvus d'une bouche préformée et permanente ; la
bouche est adventice ; elle se forme au moment du
besoin : ce qui fait la supériorité de ces êtres sur les
précédents, c'est que la bouche se forme toutes les
fois à la même place.

À cet égard, on peut étudier un petit Infusoire
flagellé qui est abondant dans les eaux impures,
le *Monas vulgaris*. Il porte, à son extrémité antérieure, un long flagellum qui au repos est replié
contre le corps. À la base de ce flagellum, le protoplasma fait une saillie de substance claire, en forme
de lèvre. Cette proéminence est creusée d'une
vacuole remplie de liquide. Cienkowski a décrit

comment ces divers organes entrent en fonction. Les
Bactéries et les Micrococcus, qui servent de pâture
au *Monas*, sont amenés à coups de flagellum dans
son voisinage : à ce moment, l'animal a conscience de la proximité de ces corps : la proéminence qui est à la base du flagellum s'allonge vers
le corpuscule, l'englobe dans sa substance et
l'entraîne à sa suite dans l'intérieur du corps de la
Monade. Bütschli a fait une observation analogue
sur le *Oikomonas termo*.

L'acte de préhension de l'aliment comprend ici
trois phases, dans deux desquelles l'animal manifeste
son activité psychique : 1° rapprochement de la
nourriture au moyen du flagellum ; 2° formation de
la vésicule qui va au-devant de l'aliment, quand
celui-ci se rapproche ; 3° absorption de l'aliment.

Les Acinétiens sont des êtres peu mobiles ; ils restent souvent toute leur vie fixés à un pédicule. Ils
ne présentent pas de cils, mais des prolongements
rayonnants plus ou moins nombreux, épars ou
groupés en touffes. Ces filaments sont des suçoirs,
pourvus à leur extrémité d'une petite ventouse.
Lorsqu'un imprudent Infusoire nage à proximité
d'une Acinète, celle-ci l'arrête au moyen de ses
filaments tendus, et applique sur son corps l'extrémité cupuliforme de ses suçoirs qui font le vide.
Le protoplasma du Cilié ainsi capturé coule lentement à travers les suçoirs, comme à travers des
tubes, et s'accumule dans l'intérieur de l'Acinète,
sous forme de gouttelettes. Ainsi, chez l'Acinète,

des organes définis sont appropriés à la préhension
et à l'absorption de la nourriture. Parallèlement.
l'acte psychique nécessaire à la préhension est
devenu plus complexe que chez l'Amibe. L'Acinète
doit *diriger* son suçoir vers l'Infusoire qui est à sa
portée. et. par conséquent. il faut que l'animal
apprécie la position de sa proie.

Il y a des Acinétiens qui présentent des organes
de préhension plus parfaits que les précédents.
Ce sont les *Hemiophrys*. Ils sont munis à la fois
de tentacules suceurs et de tentacules préhen-
seurs. Ces derniers sont de longs filaments que
l'animal lance comme un lazzo autour de sa victime. pour l'envelopper et la maintenir immobile
tandis qu'avec ses appareils de succion il s'en
nourrit.

Les Acinétiens exercent-ils un choix de préférence parmi les Infusoires qui viennent se heurter
à leurs tentacules? M. Maupas. qui a fait une étude
spéciale de ces êtres. avait d'abord admis ce choix
de préférence. Puis il a rejeté cette idée. « En 1885.
nous écrit-il. je trouve une explication toute nouvelle en ce qui concerne l'impunité avec laquelle le
Coleps hirtus peut aller se heurter aux terribles
suçoirs du *Podophrys fixa*. La carapace solide dont
ce petit Infusoire est revêtu lui sert de cuirasse et
le préserve du contact mortel des Acinétiens. Il n'y
a donc pas chez ces derniers dédain des Coleps.
mais incapacité de les saisir. incapacité résultant
d'une structure particulière de l'enveloppe tégumen-

taire des Coleps. Les Paramécies qui échappent
également sont aussi pourvues d'un tégument assez
résistant, qui leur sert de protection dans ce cas.
Le *Stylonychia histrio*, comme tous les Stylony-
chiés d'ailleurs, a une enveloppe tégumentaire
très molle. Aussi sont-elles saisies et dévorées sans
peine par les Acinétiens. La connaissance détaillée
des différences de structure dans les enveloppes
tégumentaires m'a fait abandonner l'idée d'une
préférence ou d'un dédain dans le choix des victimes
qui servent à la nourriture des Acinétiens. Ceux-ci
accrochent au passage les proies qu'ils peuvent et
non pas celles qu'ils veulent. »

La préhension des aliments, chez un grand
nombre d'espèces, est précédée d'un autre stade, la
recherche des aliments et leur capture, quand il
s'agit de proie vivante. Nous n'étudierons pas ce
stade chez tous les Protozoaires, mais spécialement chez les Infusoires ciliés. Leurs mœurs sont
curieuses à étudier. Si l'on porte sous la lentille du
microscope une goutte d'eau contenant des Infusoires ciliés, on aperçoit des êtres qui nagent avec
rapidité et parcourent en tous sens le milieu liquide
où ils se trouvent. Leurs mouvements ne sont
point des mouvements simples ; l'Infusoire se
dirige en nageant ; il évite les obstacles : il s'y
prend à plusieurs fois pour les contourner ; son
mouvement paraît approprié à un but, le plus
souvent à la recherche de la nourriture ; il s'approche de certaines particules en suspension dans le

liquide, il les palpe avec ses cils, puis s'en éloigne, puis y revient, décrivant un voyage en zigzag avec des allures analogues à celles des poissons enfermés dans les aquariums : cette dernière comparaison vient naturellement à la pensée. Bref, le mouvement chez les Infusoires libres présente tous les caractères du mouvement volontaire.

On peut même remarquer que chaque espèce manifeste sa personnalité dans son mode de locomotion. Ainsi l'*Actinotricha saltans*, quand il est placé dans une préparation où il se trouve à son aise, reste souvent plusieurs minutes de suite absolument immobile. Puis, tout d'un coup, il se précipite avec la rapidité de l'éclair et disparaît du champ de la vision. Il court ainsi quelque temps à droite et à gauche, puis se fixe de nouveau immobile. Il peut circuler avec la plus grande agilité à travers les débris, au milieu desquels il se glisse en se repliant et les contournant avec une souplesse admirable. Le *Lagynus crassicolis* a, au contraire, une marche d'une uniformité assez constante, ni rapide, ni lente. Il circule au milieu des algues et des débris, à la recherche d'une proie. Le *Peritromus Emmæ* a des mouvements lents. Il court paresseusement sur les algues, où il cherche sa nourriture, et ne s'en écarte guère pour s'aventurer dans l'eau libre [1].

E. Maupas, *Étude des Infusoires ciliés, Arch. de zool. expér.* t. I, 1883, n° 4.

Au sujet de la préhension des aliments et de la recherche de la nourriture par les Ciliés, nous ne pouvons mieux faire que de reproduire intégralement une note que M. E. Maupas a bien voulu nous envoyer. Nous lui avions posé deux questions : 1° les Ciliés chosissent-ils leurs aliments ? 2° dans la recherche des proies vivantes, les Ciliés dits chasseurs font-ils une véritable chasse, comprenant la perception de la proie à distance et la poursuite volontaire de la proie, dans les détours qu'elle fait ? Après avoir recouru de nouveau à l'observation, M. E. Maupas résume son opinion dans les lignes suivantes :

« Les Ciliés, au point de vue de la préhension des aliments, peuvent se diviser en deux grands groupes : 1° les Ciliés à tourbillon alimentaire ; 2° les Ciliés chasseurs.

« Chez les premiers, la bouche est constamment béante, et avec les corpuscules alibiles que le courant du tourbillon y entraîne perpétuellement, on peut à volonté y faire pénétrer, en les mélangeant dans l'eau ambiante, des substances absolument inertes et indigestes, telles que granules de carmin, d'indigo et d'amidon de riz. Ces granules, absolument impropres à la nutrition, traversent le corps des Ciliés avec les véritables aliments, puis finalement sont rejetés intacts avec les fèces. Je crois donc qu'on peut affirmer que ces espèces à tourbillon n'exercent aucun choix réel dans leurs aliments et qu'elles absorbent indifféremment tous les corpuscules qui par leur forme et leur densité sont susceptibles d'être saisis et entraînés par leur tourbillon alimentaire.

« Chez les Ciliés essentiellement chasseurs, la bouche est au contraire constamment fermée. L'absorption de chaque proie se fait par un acte de déglutition absolument comparable à celui des animaux supérieurs. De plus, ces espèces ne se nourrissent que de proies vivantes qu'elles capturent et arrêtent avec leurs trichocystes. (Voir *Archives de zoologie*, t. I, 1883, p. 607 et suiv.) Elles exercent donc par le fait un choix dans leurs aliments. Mais ce choix n'est pas, à mon avis, le résultat d'une préférence, d'un goût particulier, mais de l'organisation spéciale de leur appareil buccal, qui ne leur permet pas de prendre une autre nourriture.

« Ces Infusoires chasseurs courent constamment à la recherche d'une proie; mais cette chasse n'est pas dirigée vers un objet plutôt que vers un autre. Ils circulent rapidement, changeant à tout instant de direction, la partie du corps portant les trichocystes d'attaque en avant. Quand le hasard les a mis en contact d'une victime, ils lui décochent leurs dards et la foudroient. A ce moment, ils exécutent quelques actes inspirés par une volonté directrice. Il est fort rare que la victime foudroyée demeure immobile au contact immédiat de la bouche. Le chasseur alors tourne lentement sur place, se contournant à droite et à gauche, cherchant sa proie morte. Cette recherche dure au plus une minute, après laquelle, s'il n'est pas parvenu à trouver la victime, il repart au large et reprend sa course irrégulière et vagabonde. Ces chasseurs, à mon avis, n'ont aucun organe sensoriel qui leur permette de percevoir à distance le voisinage d'une proie; ce n'est que par leur course incessante et sans repos jour et nuit qu'ils réussissent à pourvoir à leur alimentation. Quand les proies sont nombreuses, les rencontres sont fréquentes, la course fructueuse et l'alimentation abondante : quand elles sont rares, les rencontres sont également peu nombreuses, et le carnassier jeûne et fait Rhamadan. Le *Lagynus crassicolis*, par conséquent, ne voit nullement ses proies à distance et ne se dirige jamais vers une proie plutôt que vers une autre. Il court au hasard de droite et de gauche, entraîné par son instinct de chasseur, instinct développé par son organisation spéciale, qui le condamne à cette course incessante pour satisfaire ses besoins d'alimentation.

« Les Infusoires à tourbillon, lorsqu'ils sont dans un milieu riche en aliments, sont à peu près complètement sédentaires, n'exécutant que de légers mouvements de position. Mais, si on les place dans un milieu pauvre en nourriture, ils deviennent aussi vagabonds que les chasseurs et on les voit courir dans toutes les directions à la recherche d'aliments plus abondants. Il est difficile de trouver un exemple plus net de l'influence des conditions de milieu sur les habitudes et les mœurs des animaux.

« La *Leucophrys patula* est un type éminemment carnassier et d'une grande voracité, ce qui explique sa puissance de multiplication, une des plus grandes que j'aie étudiées. Dernièrement, ayant une température de 25° dans mon cabinet de travail, je l'ai vue se fissiparer sept fois dans les vingt-quatre heures, c'est-à-dire qu'un seul individu en produisit cent vingt-huit. En chasse constante à la recherche de ses proies, elle les saisit avec deux fortes lèvres vibratiles dont sa bouche est armée et les engloutit toutes vivantes et tout d'une pièce. On voit les victimes s'agiter et se débattre quelque temps à l'intérieur du corps de la Leucophre, puis expirer lentement sous l'action des sucs digestifs de la vacuole où ils sont enfermés. Placées dans un milieu riche en petits Ciliés, les Leucophres ont le corps constamment bourré de proies ainsi englouties. Pas plus que les autres Ciliés chasseurs, la Leucophre ne perçoit à distance ses proies et ne se dirige sur elles. Elle court simplement de droite et de gauche, changeant à tout instant de direction. Elle multiplie ainsi les chances de rencontre, et, chaque fois qu'une de ses malheureuses victimes tombe en contact de ses lèvres vibratiles, elle est saisie, entraînée irrésistiblement vers la bouche et engloutie en moins d'un dixième de minute. »

Certains Infusoires chasseurs ont des procédés de chasse et de capture qui méritent d'être étudiés à part. Claparède et Lachmann ont décrit avec de grands détails. dans leur bel ouvrage sur *les Infu-soires et les Rhizopodes*. la façon dont un gros Infu-soire. l'*Amphileptus Meleagris*, attaque les *Epistylis plicatilis*. Les *Epistylis* sont des Vorticelles colo-niales dont certains individus n'atteignent pas moins de 0mm.21. L'Epistylis forme des familles arbores-centes dont les ramifications sont fort régulièrement dichotomiques. Celles-ci croissent toutes avec une rapidité parfaitement identique, et les individus sont tous portés à la même hauteur. de manière à représenter ce qu'on appelle, en botanique, une inflorescence en *corymbe*. « Nous observions un jour, dit Clarapède. dans l'espoir de voir ce qu'il adviendrait de lui, un *Amphileptus* qui rampait lentement sur une colonie d'*Epistylis*. La manière dont il s'approchait de ces Vorticellines, les palpant pour ainsi dire, en les enserrant à moitié de son corps souple. pouvait déjà paraître suspecte. Enfin il s'attaqua directement à un individu. par la partie supérieure de celui-ci. Il ouvrit sa large bouche. qu'on ne réussit jamais à voir que lorsque l'animal mange, et il se glissa lentement sur l'*Epistylis*, comme un doigt de gant qu'on enfile sur le doigt. Nous vîmes les bords de cette ouverture buccale, susceptibles d'une dilatation vraiment merveilleuse, passer avec lenteur d'abord sur le péristome. puis sur le corps de la proie, et venir se resserrer autour du point où celle-ci était fixée à son pédicule. Les cils qui recouvraient la surface de l'*Amphileptus* se mirent à s'agiter de ce mouvement particulier qu'on aperçoit toutes les fois qu'un Infusoire cilié sécrète un kyste. En effet, au bout de quelques instants on vit apparaitre tout autour de l'animal un contour délié qui alla s'épaississant, de manière que le kyste fut bientôt formé. » C'est ce qu'on peut appeler un kyste de digestion. « Le phénomène, en somme, est assez simple. Un *Amphileptus* s'approche d'une *Epistylis*, la dévore et s'enkyste sur place, tandis que la proie est encore fixée sur son pédicule. Il cherche alors à arracher l'*Epistylis* à son point d'attache par des mouvements de torsion; il exécute des rotations de gauche à droite, puis de droite à gauche, et ainsi de suite; lorsqu'il a réussi, il opère sa digestion et parfois se partage occasionnellement en deux dans le kyste même. Pendant la fin de cette digestion, il se repose un certain temps, puis commence à tourner de nouveau dans son kyste, dans le but de chercher à se débarrasser. Au bout d'un certain nombre d'heures, le kyste éclate. L'*Amphileptus* sort et va chercher au loin une autre proie [1]. »

Les Infusoires chasseurs sont souvent armés de *trichocystes*. Les trichocystes sont des filaments urticants qui servent à celui qui en est armé à paralyser ou à tuer d'autres Micro-organismes.

Un grand nombre d'Infusoires, les Paramécies, les Ophryoglènes, etc., se servent de trichocystes comme d'organes défensifs. Chez d'autres espèces,

---

[1] *Etudes sur les Infusoires et les Rhizopodes*, t. II, p. 166.

dont nous parlerons plus longuement. les trichocystes sont des armes offensives; ils sont logés soit
dans les parois de la bouche. soit dans les parties
avoisinantes: c'est ce qu'on voit chez les Lacry-
maires. le *Didinium*, l'*Enchelys*, le *Lagynus*. le
Loxophyllum, l'*Amphileptus*.

Voici comment ces animalcules attaquent la
proie vivante dont ils se nourrissent. Ils s'élancent
sur leur victime et lui enfoncent dans le corps les
trichocystes dont ils sont armés; la victime s'arrête aussitôt, et le chasseur la saisit et l'avale.
Ainsi, lorsque le *Lagynus elongatus* veut s'emparer
d'une victime tombée dans son tourbillon et ame-
née ainsi au voisinage de sa bouche, il se porte en
avant, rapidement. Au moment du contact. l'Infusoire poursuivi se trouve brusquement paralysé et
demeure complètement immobile. Cette paralysie
est évidemment causée par les trichocystes qui
garnissent l'œsophage du Lagynus et avec lesquels celui-ci a transpercé sa proie au moment où
il la touchait par son extrémité antérieure [1].

Dans un état plus élevé d'organisation, le Micro-
zoaire qui possède une bouche se déplace pour
aller au-devant de sa proie, et lui donne la chasse.

Le *Didinium nasutum* Stein, un des Infusoires
carnassiers les plus voraces de nos eaux douces
stagnantes, opère d'une façon un peu plus compliquée ; il décharge ses trichocystes à distance sur

---

[1] Maupas, *op. cit.*, p. 495.

sa victime. L'intérèt de cet exemple nous détermine à nous y arrèter un moment.

Le *Didinium* (fig. 7) peut ètre comparé, au point de vue de la forme générale du corps, à un petit baril arrondi à une de ses extrémités et terminé

Fig. 7. — *Didinium nasutum* grossi deux cents fois environ. La figure représente un *Didinium* s'emparant d'un *Paramæcium aurelia*. On aperçoit autour de la Paramécie les filaments urticants décochés par le *Didinium*; et la Paramécie, déjà saisie à l'aide de l'organe linguiforme de ce dernier, est graduellement attirée vers l'ouverture buccale (d'après Balbiani).

à l'extrémité opposée par une surface à peu près plane, au milieu de laquelle s'élèverait une saillie conique assez prononcée. Cette saillie est un organe de déglutition; on y remarque une striation longitudinale formée par de petites baguettes solides, d'une ténuité extrème et indépendantes de la paroi. Ces organes sont des armes dont le *Didinium* se sert pour attaquer la proie vivante dont il fait exclusivement sa nourriture.

Non seulement il attaque et dévore des animaux presque aussi gros que lui-mème, mais il s'en prend

souvent à des individus de sa propre espèce. Ce
sont toujours des Infusoires. jamais des Rotateurs,
bien que ceux-ci soient souvent abondants dans les
lieux où vit le *Didinium*. Il paraît même avoir une

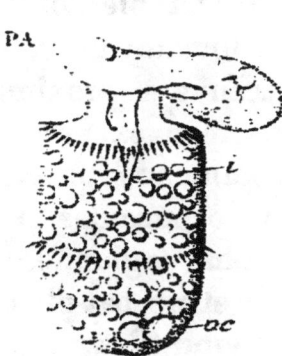

FIG. 8. — Individu au moment où il
avale une Paramecie qu'il vient de
saisir. L'intestin *i*) commence à
s'ouvrir a sa partie antérieure: *v. c.*.
vesicule contractile au moment de
la systole.

FIG. 9. — Autre individu pendant la
déglutition. montrant la bouche et
le pharynx largement dilatés et
l'intestin ouvert jusqu'à sa termi-
naison à l'anus.

prédilection marquée pour certaines espèces; c'est
ainsi que le grand et inoffensif *Paramæcium aurelia*
est presque toujours choisi de préférence parmi les
animalcules qui peuplent le même liquide [1].

Le mode de préhension des aliments présente
chez le *Didinium* des circonstances intéressantes qui
n'ont encore été signalées chez aucun autre Infusoire. M. Balbiani avait été souvent surpris dans ses

[1] Le *Didinium*. nous apprend M. Balbiani, n'attaque presque
jamais le *Paramæcium bursaria*, qui se distingue du *P. aurelia*
par sa coloration verte.

premières observations de voir les animacules, près
desquels le *Didinium* passait sans les toucher, s'arrêter tout à coup comme brusquement paralysés,
puis notre carnassier s'en approcher et s'en saisir
facilement. Une observation plus attentive des manœuvres du *Didinium* lui donna bientôt la clef de
l'énigme. Lorsque, tout en tournoyant rapidement
dans les eaux, celui-ci se trouve à proximité d'un
animalcule, une Paramécie, par exemple, dont il
veut faire sa proie, il commence par décocher
contre elle une partie des corpuscules bacillaires
qui forment son armature pharyngienne. Aussitôt
la Paramécie cesse de nager et ne bat plus que fai-
blement l'eau de ses cils vibratiles; tout autour
d'elle on voit épars les traits qui ont servi à la frap-
per. Son ennemi alors s'approche et fait rapidement
saillir hors de sa bouche un organe en forme de
langue, relativement long et semblable à une ba-
guette cylindrique transparente, qu'il fixe par son
extrémité libre élargie sur un point du corps de la
Paramécie. Celle-ci est alors graduellement attirée
par le retrait de cette langue vers l'ouverture buccale du *Didinium*, laquelle s'ouvre largement en
prenant la forme d'un vaste entonnoir dans lequel
s'engloutit la proie[1].

On a peu étudié jusqu'ici les mouvements de défense et de fuite. Sur ce point, quelques mots suf-
firont. Lorsque les Vorticelles sont inquiétées, on

---

[1] *Archives de Zoologie expérimentale*, 1873, t. II, p. 363. *Observations sur le Didinium nasutum*, par E.-G. Balbiani.

les voit contracter énergiquement leur pédicule.
qui à l'état de repos reste étendu. Les Infusoires.
placés dans une préparation où ils sont à l'aise.
nagent tranquillement; si quelque excitation brusque les inquiète, ils précipitent leur course; ceux
qui sont munis à leur extrémité postérieure d'une
soie rigide se précipitent en avant toutes les fois
qu'un autre Infusoire vient à toucher cet appendice
tactile. Les inoffensives Paramécies. lorsqu'elles
sont attaquées. essayent de se dégager, et peuvent
même se défendre au moyen des trichocystes dont
leur ectosarc est armé.

III

Les êtres unicellulaires ne vivent pas tous à l'état
isolé; un grand nombre d'espèces se réunissent en
colonies; le point de départ de ces agglomérations
est toujours une cellule mère qui se divise et dont
les rejetons, au lieu de se disperser pour vivre à
l'état libre, restent agglutinés les uns aux autres.
Ehrenberg avait cru que chez certaines espèces.
notamment chez l'*Anthophysa vegetans*, agré-
gation de petites monades qui forment des ar-
brisseaux, la colonie était formée par la réunion
de petits organismes qui vivaient primitivement à
l'état libre; mais l'observation a montré que cette
opinion est inexacte. On peut poser en règle générale que toute colonie d'animaux ou de végétaux

monocellulaires provient des divisions d'une cellule
unique: les cellules d'une même colonie sont donc
toujours des cellules sœurs, et la colonie nous représente une famille en miniature.

On trouve un premier exemple de colonie, tout à
fait temporaire, chez les êtres dont la cuticule ne
participe pas aux phénomènes de division du protoplasma. Dans ces conditions, le plasma seul se
divise sous l'abri de l'enveloppe; les segments
qui en résultent sont souvent nombreux; ce n'est
qu'au moment où le plasma a achevé de se diviser
que la cuticule maternelle se détruit et que les segments sortent pour vivre au dehors à l'état libre;
jusqu'à ce moment, ils restent accolés les uns aux
autres.

On voit que l'existence de cette petite colonie est
un fait passager, qui ne dure que pendant le temps
nécessaire à la division du corps de la mère. On a
observé ces phénomènes chez beaucoup de Flagellés. Ce qui peut paraître surprenant, c'est que la
cellule mère, tout en continuant à se diviser sous
son enveloppe, continue à se mouvoir dans l'eau
avec son flagellum, comme si elle ne constituait
qu'un seul animal. Cela tient à ce qu'un des segments dans lesquels le plasma s'est divisé, placé à
la partie antérieure de la cellule mère, reste en rapport avec le flagellum et se charge de le manœu-
vrer. C'est ce segment qui, comme un petit individu
distinct, conduit seul la barque où se trouvent ses
sœurs. Ainsi, bien que cette petite colonie soit es-

sentiellement passagère, une division du travail
s'est opérée entre ses membres: le segment antérieur est seul chargé de la locomotion.

La colonie a une durée moins éphémère chez un
Volvocien connu de nos eaux douces, le *Gonium
pectorale;* il est formé par l'association de seize
individus qui restent libres, mais adhèrent par leur
partie latérale: la colonie se développe dans un seul
plan : elle a la forme d'une petite plaque rectangu-
laire, d'une belle coloration verte. Chez les *Pandorina*, la colonie a la forme d'une petite sphère; elle
est composée de seize ou de trente-deux individus
réunis sous une enveloppe épaisse; chaque individu
reste libre et envoie à travers la cuticule ses deux
flagellums. Chez l'*Eudoryna elegans*, la colonie est
construite à peu près sur le même type, sauf qu'elle
se compose de trente-deux individus et que ceux-
ci, placés à des distances égales sous la cuticule
commune, ne se touchent pas.

On trouve dans le genre Volvox les colonies dont
la composition est la plus complexe. Ce sont de
grosses boules vertes, composées par une réunion
de petits êtres qui occupent la surface de la sphère
en se touchant par leurs enveloppes; ils ont chacun
deux flagellums qui traversent leur membrane
d'enveloppe et flottent librement au dehors; les enveloppes, en se comprimant réciproquement, forment
des figures hexagonales, absolument comme les al-
véoles des abeilles. Chaque Volvox est libre dans
son enveloppe; mais il émet des prolongements

protoplasmiques qui traversent sa cuticule et le
mettent en rapport avec le protoplasma de l'individu
voisin. Il est probable que ces fils protoplasmiques
servent, comme autant de fils télégraphiques, à établir un réseau de communication entre tous les individus d'une même colonie; il faut en effet que ces
petits êtres communiquent entre eux pour que les
mouvements de leurs flagellums se fassent avec
harmonie et que la colonie tout entière obéisse à
une impulsion unique. Le nombre des petits êtres
qui composent une colonie de Volvox est fort considérable : on en a compté jusqu'à 12,000.

C'est sur des phénomènes analogues que Gruber
s'appuyait pour admettre chez les Stentors l'existence d'un système nerveux diffus. On peut faire le
même raisonnement à l'égard des Volvox. Puisqu'il existe un consensus entre les mouvements des
douze mille petits êtres qui composent la colonie,
il faut supposer que leurs mouvements sont réglés
par l'action d'un système nerveux diffus dans leur
protoplasma. Cette conclusion est d'autant plus intéressante que les Volvox sont des Micro-organismes végétaux.

Chez le Volvox dioïque, les cellules femelles et
les cellules mâles sont réunies dans des colonies
distinctes. Lorsque le moment de la fécondation
arrive, les cellules mâles ou anthérozoïdes se dispersent et viennent se conjuguer avec les cellules
femelles. La colonie qui porte les cellules femelles
comprend aussi des cellules neutres, qui ne sont

pas destinées à être fécondées; ces dernières remplissent simplement une fonction locomotrice: munies d'un œil et de deux flagellums. elles sont destinées à mouvoir la grosse boule coloniale : ce sont les rameurs de la colonie. Les Volvox mâles. femelles et neutres recherchent la lumière solaire ou artificielle et se tiennent près de la surface de l'eau. Dès que les colonies femelles sont fécondées. les oospores changent de couleur : de verts. ils deviennent jaune orangé. A ce moment, on voit la colonie fuir la lumière et s'éloigner de la surface de l'eau. Ce déplacement est dû aux cils vibratiles dont est pourvue chaque cellule neutre et qui font saillie hors de la sphère gélatineuse; or, comme on n'observe aucun changement de couleur ni de forme dans ces cellules après la fécondation, on peut se demander par suite de quelle cause elles fuient la lumière qu'elles recherchaient auparavant [1].

Les colonies de Proto-organismes, étant formées par la division d'une cellule mère dont les segments restent réunis, ne sont pas sans offrir quelque analogie avec un être pluricellulaire, qui lui aussi provient d'une cellule unique. appelée œuf, dont les produits de division ne se séparent pas.

La colonie constitue en quelque sorte une première étape vers la constitution physiologique d'un être pluricellulaire; elle sert, dans le règne animal,

---

[1] Henneguy, *Sur la reproduction du Volvox dioïque. Comptes rendus de l'Acad. des Sciences*, 24 juillet 1876.

à établir une transition entre les Protozoaires et les
Métazoaires. Ce qui ajoute à cette analogie, c'est
que certaines de ces colonies, le *Synura uvella*,
l'*Uroglena volvox*, peuvent se diviser en deux autres
colonies: l'étranglement se fait sur la masse, comme
chez un organisme pluricellulaire. Cette curieuse
observation a été faite par Stein et Bütschli.

Cependant une différence capitale continue à sé-
parer les Métazoaires et les colonies de Protozoaires,
alors même que dans ces colonies une division de
fonction s'est établie entre plusieurs groupes d'individus. La différenciation physiologique qui se
produit dans ces colonies de Protozoaires résulte
d'un mécanisme qui diffère totalement de celui par
lequel elle est obtenue chez les Métazoaires. Pour
ces derniers, la différenciation résulte de la division
de l'embryon en *feuillets germinatifs*, dont chacun
est l'origine d'un groupe distinct d'organes. A un
certain stade du développement, la superposition
de ces feuillets donne lieu à la formation d'une
gastrula; la *gastrula* est produite par deux feuillets
accolés et représentant un sac ouvert à l'extérieur;
elle est caractéristique des Métazoaires: jamais le
Protozoaire n'arrive à ce stade. Certaines colonies
observées par Hæckel, par exemple le *Magosphæra
planula* et les Volvox dont nous avons parlé plus
haut, se présentent sous la forme sphérique; elles
rappellent un stade antérieur du développement,
auquel on donne le nom de *morula* ou de *blastula*;
mais elles ne dépassent pas ce stade.

Nous venons de voir des associations d'organismes qui vivent accolés les uns aux autres, comme les Gonium, et quelquefois réunis par un lien matériel, comme les Volvox, où les individus sont groupés sous une même cuticule. Il est beaucoup plus rare de rencontrer des associations volontaires et libres : cependant on en rencontre : il existe des êtres qui vivent habituellement d'une vie isolée, mais qui savent, au moment voulu, se grouper ensemble pour attaquer une proie, afin de profiter de l'avantage que donne le nombre.

Le *Bodo caudatus* est un Flagellé vorace et d'une audace extraordinaire : il se réunit en troupes qui attaquent des animaux cent fois plus gros qu'eux, par exemple des Colpodes qui, à côté d'eux, sont de véritables géants. Comme un cheval attaqué par une bande de loups, le Colpode est bientôt réduit à l'immobilité ; vingt, trente, quarante *Bodo* se jettent sur lui, le sucent et le vident complètement (Stein).

Tous ces faits sont intéressants, mais évidemment leur interprétation est difficile. On peut se demander si les *Bodo* se réunissent intentionnellement en groupe de dix ou vingt individus, parce qu'ils comprennent qu'ils sont plus forts quand ils sont réunis que quand ils sont dispersés. Mais il est plus probable qu'il n'existe point chez ces êtres une association volontaire pour l'attaque ; ce serait leur supposer un raisonnement bien complexe ; on admet plus volontiers que le groupement de plusieurs *Bodo* résulte du fait du hasard ; lorsque l'un d'eux a commencé à attaquer un Colpode, les autres animalcules qui sont dans le voisinage se précipitent au combat pour profiter d'une occasion favorable.

<h1 style="text-align:center">I V</h1>

Il est bien difficile de tracer une psychologie des Proto-organismes à l'aide de documents aussi incomplets que ceux que nous venons de rassembler. Nous nous contenterons de quelques mots de réflexion.

Il semble résulter de tout ce qui précède que la plupart des mouvements et des actes que l'on observe chez les Micro-organismes sont des réponses *directes* aux stimulus partis du milieu où ils vivent : c'est l'état du milieu qui paraît déterminer rigoureusement leur mode d'activité ; en un mot, ils ne présentent aucun acte de préadaptation.

Mais on ne peut pas se contenter de cette vue générale ; il faut examiner de plus près chaque partie de ces actes réflexes d'adaptation, en commençant par leur phase sensorielle et finissant par leur phase motrice. L'analyse révèle que dans ce phénomène on peut distinguer plusieurs moments, qui sont :

La perception de l'objet extérieur ;

Le choix entre plusieurs objets ;

La perception de leur position dans l'espace ;

Les mouvements destinés. soit à se rapprocher du corps et à le saisir. soit à fuir loin de lui.

Nous ne pouvons pas décider si ces divers actes sont accompagnés de conscience ou s'ils se produisent comme de simples processus physiologiques. C'est là une question que l'on doit réserver.

1° *La perception du corps extérieur*. — Chez les formes les plus inférieures, il semble que la perception est toujours le résultat d'une irritation directe que le corps extérieur exerce par son contact sur le protoplasma de l'animalcule. C'est là ce qui se passe évidemment chez les Amibes ; pour ces êtres. la condition de la perception de la particule solide, c'est le contact. Un progrès s'accomplit chez les êtres qui peuvent percevoir les corps extérieurs par un contact à distance, comme nous le voyons par exemple chez l'*Actinophrys*, qui perçoit tous les corps qui viennent impressionner ses longs pseudopodes filamenteux ; mais le pseudopode ne joue là en somme que le rôle d'un organe tactile prolongé. Les cils vibratiles et mieux encore le long fouet des Mastigophores permettent à l'animal de reconnaître à une certaine distance de sa masse les corps voisins, par le contact qu'ils exercent sur ses appendices. On ne sait s'il existe beaucoup d'animalcules qui perçoivent à distance et sans contact direct la présence des aliments ; il semble bien que c'est ce qui se passe chez le *Didinium*, qui foudroie sa proie à distance sans la toucher.

2° *Choix.* — Nous avons vu que les Micro-organismes n'ingèrent pas indistinctement toutes les
particules solides qu'ils rencontrent. Ils exercent
un choix. Chez les espèces inférieures. ce choix
est tout à fait rudimentaire : l'organisme se borne
à distinguer les substances minérales. le sable par
exemple. des substances organiques : il repousse
les unes et absorbe les autres. Chez les animalcules
plus élevés, le choix est plus intelligent. Il existe des
Infusoires qui ne se nourrissent que de végétaux ou
d'animaux. Il en est même qui se nourrissent
exclusivement d'une seule espèce.

Ce choix est un des faits les plus obscurs ; il est
fort difficile de l'interpréter sans faire de l'anthro-
pomorphisme. Si l'on s'en tient à ce que l'observation nous apprend directement, voici en quoi
consiste le choix : lorsque l'animal perçoit certaines
espèces de substances. et notamment les substances
qui lui servent d'aliment habituel, il exécute toujours le même mouvement, qui consiste dans un
acte de préhension ; lorsque la substance rencontrée,
vue ou touchée. est d'une autre nature, le Micro-
organisme n'exécute pas le même acte. Voilà le
fait ; quant à l'interpréter, nous en sommes incapables.

D'après M. E. Maupas, si certains Infusoires se
nourrissent exclusivement de telle espèce, c'est que
leur appareil buccal ou leur appareil préhenseur
les rend incapables de se nourrir d'espèces différentes, présentant une autre enveloppe tégumen-

aire. La question est de savoir si cette explication
convient à certains cas. comme cela nous parait
vraisemblable. ou si elle est au contraire tout à
fait générale. Nous avouons que l'hypothèse de
M. Maupas ne nous explique pas comment un
infusoire chasseur qui décharge des trichocystes.
comme le *Didinium*. attaque le *Paramæcium aurelia*
et non le *Paramæcium bursaria*.

Il est possible que certaines espèces attirent les
organismes qui en font leur nourriture au moyen
d'une excitation physique ou chimique.

Les recherches de Pfeffer. dont nous parlerons
plus loin. donnent un certain appui à cette hypothèse.

3° *Estimation du point occupé par le corps extérieur*. — C'est un fait général que les Micro-organismes ne perçoivent pas seulement les corps
extérieurs, mais qu'ils indiquent par leurs mouvements une connaissance exacte du point occupé
par ce corps. On pourrait dire qu'ils possèdent toujours un sens de la position dans l'espace. La
possession de ce sens leur est d'ailleurs absolument
indispensable, car il ne peut leur suffire de connaître la présence d'un corps extérieur pour arriver
à s'en rapprocher et à le saisir ; il faut en outre de
toute nécessité qu'ils connaissent sa position pour
diriger leurs mouvements.

La forme la plus simple du sens de la localisation
se rencontre dans l'Amibe, qui, lorsqu'elle englobe
une particule nutritive, émet toujours ses pseudo-

podes précisément sur le point de sa masse où le corps étranger a produit une irritation. La forme la plus complexe de la localisation se trouve chez le *Didinium* que nous avons tant de fois cité ; le *Didinium* perçoit exactement la situation de la proie qu'il poursuit, puisqu'il l'ajuste comme un chasseur, et la transperce de ses flèches urticantes. Entre ces deux espèces, nous trouvons tous les cas intermédiaires de localisation des perceptions.

Il existe cependant des doutes sur la question de savoir si les Proto-organismes perçoivent immédiatement la direction et la distance des corps extérieurs, ou s'ils n'arrivent à s'en rapprocher que par des tâtonnements successifs. Les observations que nous avons recueillies ne tranchent pas la question.

4° *Phase motrice.* — Nous passons maintenant à la phase motrice. Les mouvements que font les Micro-organismes comme réponse à une excitation ne sont pas le plus souvent de simples mouvements réflexes, ce sont des mouvements adaptés à une fin. Nous ne saurions assez le répéter, ces mouvements ne s'expliquent pas par le simple phénomène de l'irritabilité cellulaire.

Tout d'abord, ils varient avec l'excitation ; telle excitation reçue amène exactement telle réponse motrice ; un corps situé à droite ne détermine pas le même mouvement qu'un corps situé à gauche ; un corps de nature alimentaire ne provoque pas les mêmes actes qu'un corps d'une autre nature. Tout cela suppose que des associations se sont organisées dans le protoplasma entre certaines excitations et certains mouvements. Quant à expliquer la nature physique de ces associations, c'est ce qui nous paraît totalement impossible.

Les idées fort ingénieuses émises par M. Spencer sur les lignes de moindre résistance offertes par les fibres commissurales ne sauraient s'appliquer ici, puisque tout se passe dans une cellule unique : ce qu'il faudrait expliquer, c'est comment et par suite de quelle structure une forme de mouvement moléculaire correspondant à une excitation donnée est suivie par telle autre forme de mouvement moléculaire correspondant à un acte également déterminé.

CHAPITRE III

LA FÉCONDATION

I

La fécondation chez les Infusoires. — Historique de la question. — Préliminaires psychologiques de la fécondation. — Observations de M. Balbiani sur les Paramécies, les Spirostomes et les Stentors. — L'accouplement. — La fécondation chez les Vorticelles. — Observation d'Engelmann. — Les phénomènes matériels de la fécondation. — Rôle du noyau et rôle du nucléole. — Description du phénomène chez le *Chilodon cucullulus*, chez le *Paramæcium bursaria* et chez le *Paramæcium aurelia*. — Observation de M. Balbiani sur des Paramécies dont le noyau est envahi par des parasites.

II

La fécondation chez les animaux et les végétaux supérieurs. — Le spermatozoïde et l'ovule peuvent être comparés à des Micro-organismes. Les éléments peuvent vivre pendant un certain temps indépendants de l'individu dont ils dérivent. — Leurs organes moteurs. Ces mouvements du spermatozoïde vers l'ovule. — Longueur du chemin à parcourir. — Obstacles à surmonter. — Détours et complications du chemin. — Le spermatozoïde du ver à soie. — Arrivée du spermatozoïde au contact de l'œuf. — Observation de Fol sur la fécondation de l'Etoile de Mer. — Le cône d'attraction. — Sélection sexuelle qui s'opère entre les divers spermatozoïdes. — Mouvements de l'élément femelle. — La fécondation végétale. — Différenciation progressive des deux éléments sexuels. — Reproduction sexuelle de l'*Ectocarpus siliculosus*, d'après Berthold. — Recherches de M. Pfeffer sur les spermatozoïdes des cryptogames. — Action de certains excitants chimiques sur ces éléments. — Spécificité de l'excitant. — Le seuil de l'excitation. — Application de la loi de Weber.

I

Nous abordons ici un sujet plein d'obscurités ; nous limiterons notre étude aux Infusoires ciliés : c'est chez ces espèces que la fécondation et les phénomènes psychiques qui l'accompagnent ont été le mieux observés.

Ehrenberg avait accrédité dans la science l'opinion qu'il n'y a jamais d'accouplement chez les Infusoires, et que tous les faits, rapportés à cet égard par les anciens auteurs, doivent être considérés comme des phénomènes de fissiparité longitudinale. Cette erreur resta classique jusqu'en 1858, époque où M. Balbiani adressa à l'Académie des sciences une communication dans laquelle il montrait qu'on observe chez les Infusoires une reproduction sexuelle, précédée d'un accouplement.

Avant de décrire les modifications qui s'accomplissent dans le noyau et le nucléole des Infusoires conjugués, nous tracerons le tableau succinct des phénomènes psychiques par lesquels les Infusoires ciliés se préparent à l'accouplement.

Nous prendrons pour guide M. Balbiani, en lui empruntant librement quelques-unes de ses descriptions, dont l'exactitude a été confirmée depuis par M. Gruber.

Pour bien comprendre la signification des faits qui vont suivre, il faut se rappeler que dans tout le règne animal le rapprochement sexuel ne se fait qu'à la suite de préliminaires psychologiques dont la durée peut être fort longue.

La femelle poursuivie par le mâle paraît être animée de deux désirs contraires, celui de recevoir le mâle et celui de l'écarter. Ce refus, qui n'est que temporaire et plus apparent que réel, a pour effet d'exciter le mâle à déployer les facultés qui peuvent charmer la femelle. D'après M. Espinas, qui a bien étudié ce sujet, cinq classes de phénomènes servent à préparer l'union sexuelle : premièrement, des attouchements excitateurs, les plus humbles de tous ces phénomènes, c'est-à-dire ceux qui se rapprochent le plus de l'ordre physiologique ; secondement, les odeurs ; troisièmement, les couleurs et les formes ; quatrièmement, les bruits et les sons ; cinquièmement, les jeux ou mouvements de toutes sortes. Il nous semble que chez l'homme lui-même presque toutes les manifestations de l'amour peuvent être rangées dans ces cinq catégories.

On retrouve chez les formes les plus simples de la vie les premières traces de ces manifestations esthétiques qui ont pour but de préparer deux animaux à l'union sexuée.

« Il est curieux, dit M. Balbiani, de rencontrer chez des êtres que la petitesse de leur taille aussi bien que l'extrême simplicité de leur organisation ont fait placer par tous les zoologistes à la limite la

plus reculée du règne animal, des actes qui déno-
tent l'existence de phénomènes analogues à ceux
par lesquels l'instinct sexuel se manifeste chez un

Fig. 10. — Préliminaires de la conjugaison chez le *Paramæcium aurelia*.
Figure communiquée par M. Balbiani.

grand nombre de métazoaires. Aux approches de
l'époque de propagation, les Paramécies viennent
de tous les points du liquide se rassembler en
groupes plus ou moins nombreux, comme de petits
nuages blanchâtres, autour des objets qui flottent
à la surface de l'eau ou sur la paroi du flacon qui
renferme la petite mare artificielle où l'on conserve
ces animaux à l'état de captivité. Une agitation
extraordinaire, et que le soin de l'alimentation ne
suffit plus à expliquer, règne dans chacun de ces
groupes ; un instinct supérieur semble dominer
tous ces petits êtres ; ils se recherchent, se pour-
suivent, vont de l'un à l'autre en se palpant à l'aide
de leurs cils, s'agglutinent pendant quelques instants dans l'attitude du rapprochement sexuel, puis
se quittent pour se reprendre bientôt de nouveau.
Lorsqu'on disperse ces petits amas en agitant le

liquide. ils ne tardent pas à se reformer sur d'autres
points. Ces jeux singuliers, par lesquels ces
animalcules semblent se provoquer mutuellement

Fig. 14. — Plusieurs couples de *Stentor cœruleus* fixés sur un filament de
conferve, grossis quinze fois (d'après Balbiani).

à l'accouplement, durent souvent plusieurs jours
avant que celui-ci devienne définitif.

« D'autres Infusoires, particulièrement les Spirostomes, gagnent les parties profondes du liquide,
ou s'enfouissent même dans le sédiment vaseux
du fond, pour ne reparaître qu'après que leur séparation s'est effectuée. Les Stentors ont des habitudes différentes ; fixés en grand nombre par leur
pédicule sur les parties végétales submergées, qu'ils

tapissent souvent comme d'une sorte de petit gazon
serré, coloré en vert. en brun. en bleu. suivant les
espèces, ils promènent dans toutes les directions la
partie antérieure de leur corps allongé en forme
de trompette, et cherchent à se rencontrer par
l'extrémité élargie qui en représente le pavillon. »

Chez les espèces nombreuses qui font partie du

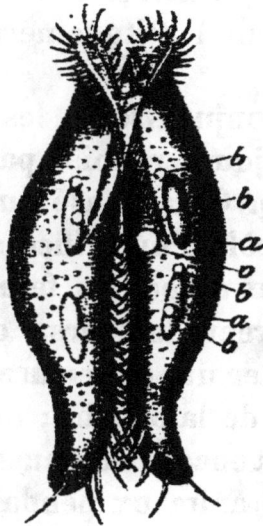

FIG. 12. — Préliminaires de l'accouplement du *Stylonychia mytilus*. Les deux
animaux sont superposés par leur face ventrale (Balbiani).

groupé des Oxytrichines, le rapprochement offre
aussi certains préliminaires intéressants. Les deux
individus, qui ont en général le corps fortement
déprimé et la face inférieure garnie de cils souvent
fort développés, se superposent par la face ventrale et enchevêtrent mutuellement les cils qui gar-

nissent cette région. tandis qu'avec leurs cornicules
ou pieds-crochets antérieurs ils se font des attouchements répétés sur divers points du corps. Ces
préludes durent souvent plusieurs heures avant que
l'accouplement commence (fig. 12).

Quant à l'accouplement lui-même. il est aussi
très intéressant à étudier pour le psychologue, qui
peut admirer la précision avec laquelle les deux
individus prennent l'attitude nécessaire pour la fécondation.

Pendant la conjugaison, les deux Infusoires
ciliés sont toujours réunis par l'ouverture qui
forme la bouche. On a pensé que cette ouverture
devait jouer le rôle d'un orifice sexuel par lequel
les deux animaux accouplés feraient l'échange de
leurs produits reproducteurs; on a pensé aussi
qu'il devait exister une ouverture sexuelle spéciale,
placée très près de la bouche; mais ces questions
de structure sont encore douteuses.

L'attitude des animaux pendant la conjugaison
varie suivant la position de la bouche qui est, dans
certains groupes, latérale, et chez d'autres, terminale.

Les espèces les plus nombreuses ont une bouche
latérale. A ce type appartiennent les Paramécies;
ces Infusoires, dont le sillon buccal occupe le fond
d'une excavation profonde creusée à leur face ventrale, se superposent dans toute l'étendue de cette
face, en laissant exsuder une substance glutineuse
qui les colle dans cette situation; leurs deux

bouches sont alors étroitement superposées. L'accouplement dure de vingt-quatre à trente-six heures chez le *Paramæcium aurelia:* il dure plusieurs

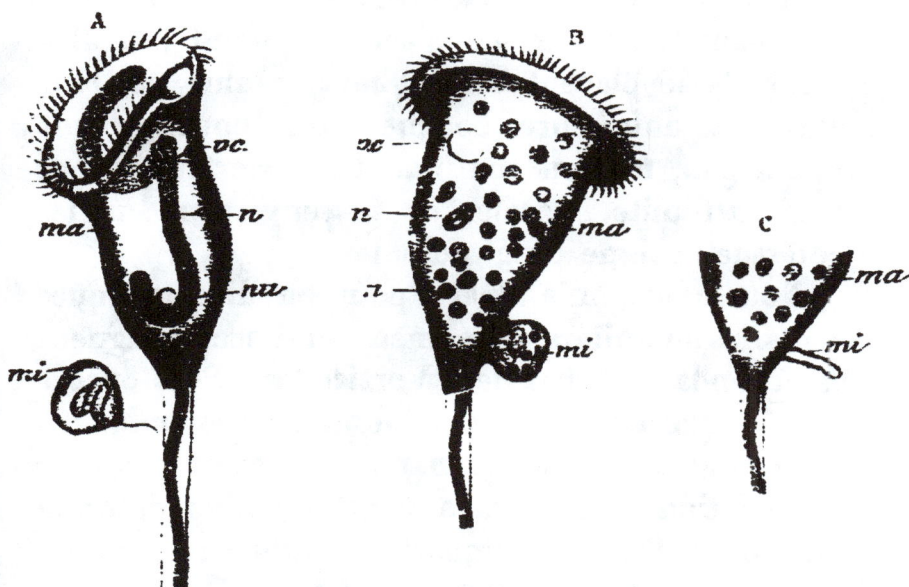

FIG. 13. — Conjugaison gemmiforme des Vorticelliens (*Carchesium polypinum* . A. premier stade : la microgonidie *mi* s'est fixée par un filament sur le pédoncule de la macrogonidie. B. stade plus avancé. La microgonidie s'est fixée directement sur le corps de la macrogonidie et sa substance commence à pénétrer dans cette dernière. Chez les deux individus. le noyau s'est divisé en petits fragments arrondis. et l'on voit dans la microgonidie les deux segments striés résultant de la division de son nucléole. C. dernier stade de la conjugaison. La microgonidie. entièrement vide de son contenu. reste attachée au corps de la macrogonidie sous la forme d'un petit tube vidé. qui finit par tomber. — *ma.* macrogonidie: *mi.* microgonidie : *n.* noyau: *nu.* nucléole: *v. c.*, vésicule contractile. (Figures communiquées par M. Balbiani :

jours, cinq à six, chez le *Paramæcium bursaria*. Chez les Oxytrichines les deux animaux conjugués se fusionnent d'une façon plus intime, dans une partie importante de leur individu.

On arrive ensuite au second groupe d'Infusoires

qui présentent une bouche terminale ; nous avons eu un exemple de ce type dans le *Didinium nasutum*, ce curieux Infusoire chasseur : on pourrait citer encore les Coleps, les Nassula, les Prorodons. Les deux animaux ne s'accolent point latéralement, ils se placent bout à bout, réunis par leur extrémité antérieure, bouche contre bouche ; puis peu à peu, tout en continuant à rester réunis par leur extrémité buccale, ils se renversent sur les côtés de la ligne longitudinale.

Nous avons mis à part, pour en dire quelques mots, les singuliers phénomènes qui accompagnent la fécondation chez les Vorticelles. Plus encore que les précédents, ces phénomènes ressemblent à la fécondation des animaux supérieurs ; car la fécondation s'opère entre deux individus différenciés dont l'un se comporte comme un élément mâle et l'autre comme un élément femelle. Les Vorticelles sont des colonies d'Infusoires, dans lesquelles il existe des individus sédentaires, présentant la forme d'urnes, et de petits individus libres, appelés Microgonidies, qui se forment par divisions répétées sur l'arbre colonial.

Ces Microgonidies ont tout à fait l'allure de spermatozoïdes. Engelmann[1] a suivi leurs manœuvres ; il les a vus nager en tournant sur leur axe pendant cinq à six minutes, puis, arrivés dans le voisinage d'une Vorticelle, ils changent brusque-

[1] *Arch. de Zoolog. expérimentale*, t. V, 1876.

ment d'allure. bondissent autour de celle-ci, *comme un papillon qui se joue près d'une fleur*, la touchant. puis s'éloignant, revenant et semblant la palper ; enfin, après avoir été visiter les voisines, ils reviennent à la première, et se fixent à sa surface. La conjugaison ne se fait pas sans une certaine résistance de la part de la Vorticelle. On la voit, dit M. Balbiani, contracter rapidement son pédoncule à chaque attouchement de la Microgonidie. et celle-ci, pour ne pas être rejetée au loin par cette secousse subite, et pouvoir se retrouver toujours auprès de l'individu avec lequel elle veut se conjuguer, se fixe par un filament très fin sur le style de la Vorticelle; ainsi attachée, entraînée dans les mouvements de cette dernière, elle finit par se mettre en contact avec elle et pénètre dans sa masse. La Microgonidie se trouve alors réduite à son enveloppe externe, vide et revenue sur elle-même, et celle-ci finit par pénétrer également à l'intérieur de l'autre sujet, où elle disparaît sans laisser de trace (voir l'explication de la figure 13)[1].

Il est temps maintenant de décrire les phénomènes matériels qui se produisent dans l'intérieur du corps des deux Infusoires et qui constituent l'acte matériel de la fécondation. Les manifestations psychologiques que nous venons de signaler. et qui ressemblent d'une façon si frappante à la

---

[1] Balbiani, *Sur la génération sexuelle des Vorticelliens. Comptes rendus de l'Académie des sciences*, 18 octobre 1875.

période du rut chez les animaux supérieurs, suffiraient déjà à prouver que la conjugaison est un acte sexuel.

Les modifications matérielles qui s'opèrent dans le corps des Infusoires conjugués ne portent point sur tous leurs organes ; la masse générale du corps. le protoplasma, n'y prend qu'une part tout à fait secondaire ; la modification paraît avoir pour siège unique le noyau et le nucléole.

Remarquons encore que ces modifications ne se produisent jamais. que l'on sache, en dehors de l'accouplement et avant que les Infusoires soient conjugués. La conjugaison paraît se produire toutes les fois que ces animaux, sous l'influence de circonstances particulièrement favorables, se sont multipliés d'une manière active par fissiparité. On voit alors la fissiparité s'arrêter et la conjugaison apparaître.

Nous n'avons point le temps de tracer l'historique, si intéressant pourtant, de cette grande question de physiologie. Il nous suffira de résumer l'état actuel de nos connaissances, en prenant pour guide l'opinion actuelle de M. Balbiani, qui, comme on le sait, est le premier naturaliste qui ait étudié les phénomènes matériels de la fécondation chez les Infusoires. Les divergences qui existent entre lui et un autre auteur considérable, M. Bütschli, ne portent actuellement que sur des questions de détail.

Examinons d'abord quelles sont les modifications

qui se produisent chez le *Chilodon cucullulus* pendant la conjugaison. Chacun des deux Infusoires accolés possède un noyau (endoplaste, noyau principal) et, à côté de ce noyau, un organe beaucoup plus petit, *nucléole*, ou noyau d'attente, ou encore noyau latent (endoplastule, noyau accessoire); ce petit corps ne doit pas être confondu avec le nucléole que l'on rencontre souvent dans l'intérieur du noyau, chez beaucoup de Micro-organismes et dans les cellules : il a une fonction absolument différente.

De ces deux éléments, il en est un qui joue dans la fécondation un rôle à peu près négatif : c'est le noyau. Il prend des contours irréguliers, se chiffonne, son contenu se ramasse en fragments de diverses grosseurs; il devient de moins en moins net et finit par se résorber. Il disparaît donc par un phénomène de régression et sans se diviser.

La fécondation a pour but de remplacer cet élément vieilli par un noyau de nouvelle formation. Ce dernier se forme aux dépens du petit corps que nous avons décrit sous le nom de noyau d'attente ou de noyau latent. Ce noyau d'attente ne sert pas à constituer un noyau principal dans la cellule dont il fait partie; il émigre dans le corps de l'autre animal et c'est dans cette nouvelle cellule qu'il est destiné à fonctionner comme noyau.

Chez le *Chilodon cucullulus*, voici quelle est la série de phénomènes qui se produit; la série de figures que nous mettons sous les yeux de nos lec-

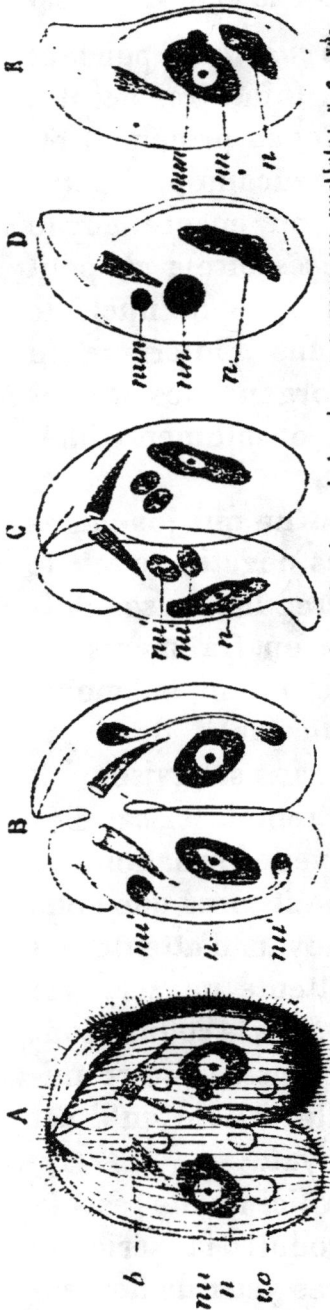

Fig. 14. — Conjugaison du *Chilodon cucullulus*. A, début de la conjugaison; B, division du nucléole en deux segments, nu, nu'; le noyau n commence à présenter des signes de régression. C, chacun des deux conjoints renferme deux segments nucléolaires rapprochés, dont l'un provient probablement par voie d'échange de l'individu opposé, et se fusionne avec le segment non échangé pour former un segment mixte (Maupas). D, division du segment en deux portions, qui s'accroissent inégalement; la plus grosse, nu, deviendra le noyau nouveau, la plus petite le nucléole de nouvelle formation, nun. E, l'ancien noyau, n, réduit à une petite masse pâle et chiffonnée, est remplacé par le noyau nouveau nn, auprès duquel on voit le nouveau nucléole nun. — (Figures communiquées par M. Balbiani.)

teurs, et qui nous ont été fournies par l'obligeance de M. Balbiani, servira à éclairer notre description. La figure A correspond au début de la conjugaison; chaque animal est représenté avec sa bouche (*b*), ses vésicules contractiles multiples (*v. c.*), son noyau (*n*), et son nucléole (*nu*); le nucléole va être le siège principal des modifications qui se produisent dans la fécondation. Dans la figure B, le principal changement porte sur le nucléole; dans chacun des deux animaux, le nucléole s'est éloigné du noyau et il a commencé à se diviser en deux segments; le noyau commence à présenter des signes de

régression. Entre la figure B et la figure C se
passent des phénomènes de la plus haute importance. mais qui jusqu'ici sont encore sujets à
contestation. Voici le fait qui aujourd'hui paraît le
plus probable; les deux animaux conjugués
échangent une des capsules provenant de la division du nucléole, de sorte que lorsqu'on arrive à la
phase du phénomène représenté par la figure C.
on est en présence d'un animal qui contient. en
outre du noyau, deux segments nucléolaires rapprochés (*nu' nu'*); il en était de même dans la fig. B;
chaque animal possédait déjà deux segments nucléolaires, mais ces segments provenaient de la division du nucléole appartenant en propre à l'animal.
tandis que dans la figure C, par suite de l'échange
effectué, un des segments nucléolaires appartient
en propre à chaque animal, et l'autre provient de
son conjoint.

M. Balbiani, qui fit les premières observations
sur ces phénomènes d'une étude si délicate et si
complexe, supposa d'abord que les deux segments
nucléolaires rapprochés qui ont été représentés par
la figure C, provenaient de la division longitudinale du nucléole échangé entre les deux conjoints.

Dernièrement, M. Maupas a proposé une autre
interprétation qui paraît du reste corroborée par
la figure même donnée autrefois, il y a plus de
vingt ans, par M. Balbiani. Selon M. Maupas, le
segment échangé vient se fusionner avec le segment non échangé pour former un segment mixte;

les deux segments rapprochés que l'on voit dans la figure C ne seraient donc pas le résultat de la division d'un segment unique, mais le premier stade de la conjugaison de deux éléments, ayant des origines différentes. Ce qui paraît plaider en faveur de cette opinion, c'est l'aspect présenté par les deux segments ; s'ils provenaient d'une division, on retrouverait là quelques-uns des phénomènes de la karyokinèse, qui étaient d'ailleurs complètement inconnus à l'époque où M. Balbiani fit ses premières observations.

Quoi qu'il en soit, on voit dans la figure C, que la régression de l'ancien noyau (*n*) s'accentue.

Dans la figure D, les deux segments nucléolaires se sont fusionnés et ont constitué un segment mixte qui se segmente à son tour ; les deux nouveaux produits de cette segmentation deviennent de grandeur inégale ; la plus grosse capsule atteint jusqu'à 40 millièmes de millimètre ; c'est elle qui constitue le noyau nouveau du Chilodon. La seconde portion se rapetisse et se condense, elle vient se placer à côté de la première, et constitue le nucléole nouveau.

La figure E représente le dernier stade du phénomène ; l'animal est en possession de son nouveau noyau et de son nouveau nucléole ; l'ancien noyau est réduit à une petite masse pâle et chiffonnée, qui ne tardera pas à disparaître.

Ainsi, en résumé, si on admet l'opinion de M. Maupas (qui n'a point étudié cette espèce, mais

des espèces voisines), le nucléole se divise en deux
capsules : l'une. jouant le rôle de l'élément mâle,
est échangée entre les deux conjoints, et va se fusionner avec une des capsules provenant de la division
du nucléole de l'autre animal; l'autre capsule, qui
joue le rôle de l'élément femelle. se fusionne pareil-
lement. avec l'élément mâle qui provient de l'autre
conjoint. Le résultat de cette fusion est une capsule mixte, qui en se divisant produit le nouveau
noyau et le nouveau nucléole de l'animal fécondé.

Nous pouvons nous borner à l'étude de ce type
de fécondation; c'est le plus simple de tous, et on
peut y ramener les autres sans trop de difficulté.
Ce qui complique le processus chez d'autres espèces.
ce sont d'abord les modifications successives par
lesquelles passe l'ancien noyau avant de se résorber. Chez le *Stentor cœruleus*, le noyau a la forme
d'un long chapelet; au moment de la fécondation.
les grains de ce chapelet se séparent et se répandent
dans le protoplasma où ils finissent par se résorber. Chez les Paramécies, le phénomène se présente encore autrement; le noyau, d'abord ramassé,
s'allonge en un très long cordon qui se brise. et
ses fragments, éparpillés dans le protoplasma. se
résorbent.

On voit que dans tous les cas la fécondation comporte une fragmentation et une disparition de l'ancien noyau qui est remplacé par un nouveau noyau
résultant de la transformation du noyau d'attente
émané d'un autre organisme.

Les modifications diverses présentées par ce noyau d'attente contribuent aussi pour une large part à la complexité du phénomène. Nous avons vu que chez le Chilodon le noyau d'attente se segmente en deux globules. dont l'un constitue le noyau nouveau et l'autre le noyau d'attente nouveau. Les choses se passent différemment chez les Paramécies. Chez le *Paramæcium bursaria*, par exemple, le noyau d'attente se divise en deux, puis en quatre capsules; une de ces capsules se résorbe, une seconde devient le noyau d'attente, et les deux autres se fusionnent avec ce qui reste de l'ancien noyau pour former le noyau principal. Chez le *Paramæcium aurelia*, la division se fait en huit capsules; trois sont éliminées; parmi les cinq capsules qui survivent, il en est quatre qui sont destinées à former le noyau principal nouveau; en effet, chaque Paramécie se segmente d'abord en deux, puis en quatre, et chacun des quatre individus acquiert une des capsules. Quant à la cinquième capsule, elle est destinée à former les noyaux d'attente de ces organismes; aussi se divise-t-elle en deux. puis en quatre. c'est-à-dire autant de fois que le corps de l'animal.

Il n'est pas douteux, à notre sens, que la conjugaison est un phénomène sexuel; ce qui l'atteste tout d'abord, ce sont les manœuvres singulières que les animalcules exécutent avant de se s'y livrer; ces manœuvres sont absolument comparables au rut chez les animaux supérieurs. Mais nous revien-

drons plus loin sur la signification physiologique
de la conjugaison, quand nous essayerons de définir, d'après les expériences les plus récentes, la
fonction du noyau dans la cellule.

On peut se demander quel est le point de départ,
l'excitant de ces phénomènes sexuels, la cause qui
les met en jeu. Bütschli pense avec raison que la
conjugaison dépend de causes internes ; elle se
produit en effet à la suite de périodes très actives
de division spontanée, comme M. Balbiani l'a
montré. Si l'on songe que la conjugaison a pour
but le remplacement de l'ancien noyau, qui est
devenu un élément usé et vieilli, on peut supposer
avec quelque vraisemblance que l'état physiologique
du noyau constitue l'excitant sexuel qui détermine
les Infusoires à s'accoupler.

Quoi qu'il en soit, une curieuse observation faite
sur le *Paramæcium aurelia* a fait connaître une
des conditions anatomiques de l'instinct sexuel
chez cet Infusoire. Depuis longtemps J. Müller
avait constaté dans le noyau et même dans le nucléole des Paramécies des filaments qui avaient
l'apparence de spermatozoïdes. Ces observations se
sont multipliées depuis, et l'on sait maintenant que
ces filaments sont des Schizomycètes, des Bacilles
parasites qui s'introduisent dans le noyau et le nucléole et se multiplient suivant leur mode ordinaire
de segmentation, par désarticulation. M. Balbiani
a établi d'une façon définitive la nature de ces filaments par des faits morphologiques et micro-chi-

miques; il a vu par exemple que ces filaments ne se dissolvent pas dans les solutions alcalines concentrées. On sait que les Bactéries présentent ce caractère particulier d'opposer une grande résistance aux agents destructeurs.

Ces parasites déterminent dans le noyau qu'ils ont envahi un état pathologique qui a pour résultat de détruire chez l'Infusoire les manifestations de l'instinct sexuel : l'animal ne s'accouple plus. On trouve, au milieu d'une foule d'animaux de la même espèce qui sont accouplés, des individus isolés, qui présentent un noyau et un nucléole absolument remplis de Bactéries; quelquefois, ces organes subissent une dilatation énorme, le noyau est réduit à une membrane d'enveloppe qui, comme une vaste poche, est pleine de parasites. L'animal continue à vivre, mais il ne cherche plus à s'accoupler.

II

Nous n'avons pas l'intention de faire une étude complète de la fécondation chez les animaux et les végétaux supérieurs; il n'y a dans ce phénomène qu'un seul point qui puisse rentrer dans une étude générale sur les Micro-organismes : c'est l'histoire des éléments sexuels, de leur forme, de leurs mouvements et enfin de leur conjugaison.

Nous décrirons successivement, en nous plaçant surtout au point de vue de la psychologie, la fécondation animale et la fécondation végétale.

La fécondation, chez les Métazoaires, peut être subdivisée en deux actes bien distincts : le premier, le plus apparent, consiste dans le rapprochement des deux individus; nous n'avons pas à en parler ici; c'est un phénomène qui sort du cadre de nos études. Le second, plus intime, est celui qui se passe, après la copulation, entre le spermatozoïde et l'ovule.

Il existe un grand nombre de raisons pour faire entrer les éléments générateurs dans une étude générale sur les Micro-organismes.

Tout d'abord il faut noter que ces deux éléments sont représentés chez les animaux par une cellule unique.

L'ovule se présente sous l'aspect d'une petite sphère microscopique, entourée d'une enveloppe (membrane vitelline), formée d'une masse de protoplasma granuleux (vitellus) contenant un noyau (vésicule germinative) et un ou plusieurs nucléoles (taches germinatives). Les spermatozoïdes ont, chez les vertébrés, un aspect bien différent : ce sont des filaments plus ou moins longs, munis d'une partie renflée, la tête, et d'une partie effilée, la queue.

La ressemblance des spermatozoïdes avec les Protistes les fit considérer au début comme des animalcules vivant en parasites dans la liqueur spermatique. Ehrenberg les plaça parmi les Infusoires polygastriques. Kœlliker et Lallemand sont les premiers qui repoussèrent ces idées, et considérèrent les spermatozoïdes comme des particules élémentaires des tissus vivants ayant la valeur morphologique d'une cellule. On les compare aujourd'hui à des éléments cellulaires libres. comme le sont les globules du sang.

Quelle que soit leur forme. les éléments sexuels vivent comme de petits organismes indépendants de l'individu dont ils dérivent. Le fait est frappant en particulier pour l'élément mâle, le spermatozoïde, qui conserve sa vitalité un certain temps après son expulsion. Ce temps varie selon les espèces. Tandis que chez la truite, les spermatozoïdes expulsés de l'animal perdent dans l'eau leurs mouvements au bout de quelques secondes, ceux de l'abeille, dans le réservoir séminal de la femelle, continuent à vivre pendant plusieurs années. Les éléments séminaux des mammifères demeurent pendant assez longtemps dans les voies génitales de la femelle. M. Balbiani a trouvé des spermatozoïdes vivants dans les trompes d'une lapine vingt heures après le coït. Ed. van Beneden, Benecke, Eimer, Fries ont vu que le sperme conserve ses propriétés dans l'utérus des chauves-souris pendant plusieurs mois.

Un autre fait bien digne de remarque, c'est que l'accouplement des deux éléments sexuels n'est pas sans offrir une grande analogie avec l'accouplement des deux animaux dont ces éléments dérivent ; le spermatozoïde et l'ovule refont en quelque sorte en petit ce que font les deux individus en grand. Ainsi, c'est le spermatozoïde qui, en sa qualité d'élément mâle, va à la recherche de la femelle. Il possède, en vue du chemin à parcourir, des organes locomoteurs qui manquent et sont inutiles à la femelle. Le spermatozoïde de l'homme et d'un grand nombre de mammifères est muni d'une longue queue dont l'extrémité décrit un mouvement circulaire conique, ce qui détermine la progression du spermatozoïde, avec rotation autour de son axe. On observe ce même mode de progression chez les zoospores des Algues, et chez les Mastigophores, qui sont munis d'un flagellum : on a comparé avec raison les mouvements du spermatozoïde à ceux d'un Flagellé.

D'autres spermatozoïdes, comme ceux des Tritons, de l'Axolotl, sont munis d'un appareil locomoteur différent; il consiste dans une membrane ondulante qui fonctionne comme une véritable nageoire; le spermatozoïde s'avance sans tourner sur son axe.

On a beaucoup discuté sur la nature des forces qui expliquent les mouvements des éléments fécondateurs. Les anciens observateurs qui en faisaient des animalcules leur attribuaient naturellement des mouvements spontanés et volontaires. Depuis que l'on ne considère plus le spermatozoïde que comme un élément histologique, on a admis des actions endosmotiques, hygroscopiques, etc. M. Balbiani, à qui nous empruntons les détails précédents, remarque que cette explication n'en est pas une : car, en dernière analyse, toute espèce de mouvement peut se ramener à une action chimique ou physique, le mouvement sarcodique ou ciliaire tout aussi bien que le mouvement volontaire. « Pour ma part, ajoute le savant auteur, je pense que les spermatozoïdes ne se meuvent pas aveuglément, mais qu'ils obéissent à une sorte d'impulsion intérieure, de volonté qui les dirige vers un but déterminé[1]. » Des expériences de M. Balbiani ont démontré qu'avec des solutions faibles d'éther et de chloroforme on peut ralentir et faire cesser les mouvements des spermatozoïdes assez lentement pour qu'ils puissent encore féconder les œufs.

En résumé, l'élément spermatique, en se dirigeant vers l'ovule qu'il doit féconder, est animé par le même instinct sexuel qui dirige l'être complet vers sa femelle.

Chez les animaux supérieurs, les mouvements du spermatozoïde qui cherche à se rapprocher de la femelle présentent un caractère particulier sur lequel il est utile d'insister : ces mouvements ne paraissent pas, comme ceux des Micro-organismes, provoqués directement par un objet extérieur; le spermatozoïde cherche à se rapprocher d'un ovule qui est souvent situé à une grande distance; c'est ce qui se présente spécialement chez les animaux à fécondation interne, les oiseaux et les mammifères. Le lieu de la fécondation est encore mal connu. Coste admettait autrefois que la rencontre de l'œuf

[1] *Leçons sur la génération des vertébrés*, 1879. p. 159.

et du spermatozoïde se fait dans l'ovaire. Il est probable que la fécondation s'opère dans la première portion de l'oviducte. Mais peu nous importe la solution précise de cette délicate question. Ce qu'il est intéressant de remarquer d'une façon générale. c'est la longueur du chemin que le spermatozoïde doit parcourir avant d'arriver à l'ovule.

Suivons maintenant le spermatozoïde dans sa pérégrination jusqu'à l'ovule; on sait que le chemin qu'il a à parcourir est. dans certains cas. extrêmement long, surtout chez les animaux à fécondation interne. Ainsi. chez la poule. l'oviducte a 60 centimètres de longueur. et. chez les grands mammifères, les trompes mesurent de 25 à 30 centimètres. On peut se demander comment des êtres aussi frêles et aussi petits ont par eux-mêmes la force de locomotion suffisante pour parcourir un aussi long trajet. Mais l'observation révèle qu'ils peuvent surmonter certains obstacles disproportionnés avec leur taille. Henle a vu des spermatozoïdes entraîner, sans que leur mouvement en fût pour ainsi dire ralenti. des agglomérations de cristaux dix fois plus grosses qu'eux. F.-A. Pouchet les a vus transporter des groupes de 8 à 10 globules sanguins. M. Balbiani a constaté le même fait: ces globules qui se sont agglutinés autour de la tête du spermatozoïde ont chacun un volume double de cette tête; or, d'après Welcker. le poids d'un globule sanguin de l'homme est de 0,00008 de milligramme : en admettant que le spermatozoïde a le même poids, on peut dire que le spermatozoïde peut transporter des fardeaux pesant quatre ou cinq fois plus que lui.

Ce n'est pas seulement la longueur de la pérégrination qui est remarquable, ce sont les détours et les complications du chemin à suivre pour arriver jusqu'à l'ovule. On a fait à ce sujet une observation intéressante sur le papillon du ver à soie. « Au moment de l'accouplement, le mâle dépose sa liqueur séminale dans une poche spéciale, la poche copulatrice. Le lendemain, cette poche, qui était distendue par le sperme, est complètement flasque, et presque tous les spermatozoïdes ont émigré dans une autre poche, qui débouche dans l'oviducte, en face de la première, et là ils attendent les œufs au passage pour les féconder. Or, les parois de la poche copulatrice ne possèdent aucun élément contractile, et l'on ne peut attribuer qu'à un mouvement spontané le passage des spermatozoïdes d'une poche dans l'autre. Du reste, ce qui semble bien le démontrer, c'est qu'il reste dans la poche copulatrice quelques éléments séminaux mal conformés et privés de mouvements [1]. »

Voyons maintenant ce qui se passe au moment où les spermatozoïdes arrivent au contact de l'œuf. La série de phénomènes a été bien étudiée par Fol dans son travail sur l'Etoile de mer (*Asterias glacialis*). L'œuf n'a point de membrane d'enveloppe : il

---

[1] Balbiani, *Comptes rendus de l'Acad. des sciences*, 1869.

est seulement entouré d'une couche muqueuse,
molle et floconneuse. Les spermatozoïdes arrivent
en grand nombre et pénètrent dans cette couche :
tous s'y arrètent et s'y empètrent à l'exception d'un
seul, qui, plus rapide, devance les autres et arrive
à une petite distance de la surface du vitellus (ou
protoplasma de l'ovule). A ce moment, et avant tout
contact, il se produit un phénomène curieux d'at-

Fig. 15. — Petite portion d'œuf d'étoile de mer (*Asterias glacialis*) montrant la
formation du cône d'attraction (d'après Fol).

traction entre l'ovule et le spermatozoïde: on voit
la substance périphérique de l'ovule s'élever
devant le spermatozoïde en une petite protubérance; cette protubérance a d'abord une forme
arrondie, puis elle s'effile et forme une pointe qui
se dirige vers le spermatozoïde : c'est ce qu'on
appelle le cône d'attraction (fig. 15). La tète du
spermatozoïde vient se fixer sur ce cône, qui paraît
l'attirer vers l'intérieur. La queue du spermatozoïde ne paraît pas pénétrer dans l'intérieur de
l'œuf et prendre part à la fécondation, qui consiste
simplement dans la fusion de la tète du spermatozoïde avec le noyau de la cellule.

Dès que la tête du spermatozoïde a pénétré dans l'ovule, celui-ci s'entoure d'une enveloppe pour se mettre à l'abri des autres éléments mâles. Il paraît en effet bien constaté que la pénétration de plusieurs spermatozoïdes dans le vitellus indique un commencement d'altération : la segmentation ultérieure de l'œuf est irrégulière, et le développement s'arrête.

La membrane dont l'œuf fécondé s'entoure est constituée, chez l'*Asterias glacialis*, par une condensation de la couche périphérique du vitellus ; cette condensation débute autour du point de pénétration du spermatozoïde et gagne de proche en proche toute la surface de l'œuf ; la formation de cette membrane protectrice est si rapide qu'elle ferme l'accès de l'œuf à des spermatozoïdes qui seraient en retard de quelques secondes seulement sur le premier.

Il s'opère donc une sélection sexuelle entre les spermatozoïdes, ainsi qu'entre tous les animaux ; c'est le spermatozoïde le plus agile, le plus robuste qui arrive le premier dans l'œuf et opère la fécondation ; la fécondation est le prix de la course. Les lois de la sélection, si bien développées par Darwin, ne s'appliquent pas seulement aux individus, elles s'appliquent aussi aux éléments sexuels.

Nous ne pouvons pas suivre les modifications successives de la tête du spermatozoïde après son entrée dans l'œuf ; disons seulement que cette tête présente l'aspect d'une figure radiée, d'un petit so-

leil. qui s'avance vers le noyau femelle. A ce moment, le noyau femelle paraît impressionné et se
met en mouvement vers le noyau spermatique. Les
deux noyaux arrivent bientôt presque au contact,
et c'est surtout le noyau femelle qui joue alors le
rôle actif. Il est animé de mouvements incessants,
il change de forme à chaque instant; il pousse des
prolongements vers le noyau mâle, et l'un de ces
prolongements s'y fixe en présentant à son extrémité une petite dépression en forme de cupule qui
reçoit le noyau mâle, et, en exécutant des mouvements actifs, les deux noyaux se fusionnent. Ainsi
se produit le premier noyau de segmentation.

Selenka a donné des indications chronologiques
intéressantes sur le moment d'apparition de ces
divers phénomènes. Le temps est toujours pris
depuis le moment de fécondation artificielle. Cinq
minutes après, le spermatozoïde a pénétré dans
l'œuf. Au bout de dix minutes (c'est-à-dire cinq
minutes après son entrée) il est arrivé au centre
de l'œuf. A la douzième minute, le noyau femelle
s'est mis en mouvement pour aller au-devant du
noyau spermatique. Enfin, à la vingtième minute,
les deux noyaux se sont rejoints [1].

Dans l'histoire psychologique que nous venons
de retracer de la fécondation animale, il existe beaucoup de lacunes : l'histoire de la fécondation végétale en comblera quelques-unes.

[1] M. Balbiani, *Cours sur la fécondation*, passim. *Journal de Mi-
crographie*, t. III, 1879.

Les formes les plus simples de la reproduction
sexuée des végétaux sont celles où la cellule mâle
et la cellule femelle sont semblables l'une à l'antre,
et vont au-devant l'un de l'autre, possédant ainsi
non seulement la même forme, mais les mêmes
propriétés. Dans une petite Algue qui porte le
nom de *Ulothrix serrata*, le contenu de certaines
cellules se divise en deux parties qui s'écartent,
puis se rapprochent et se confondent de nouveau
en une petite masse qui, mise en liberté, reproduit
la plante entière; chez d'autres espèces, le contenu se divise en petites cellules nues, qui sont
d'abord mises en liberté et avant de se fusionner
s'agitent quelque temps dans l'eau, au moyen de cils
dont elles sont munies. On donne à ces cellules le
nom de zoospores. La différenciation s'accentue encore chez certaines espèces, dont les zoospores
n'ont ni la même forme, ni les mêmes propriétés.
Les unes se déplacent et vont à la rencontre des
autres : ce sont les cellules mâles, les anthérozoïdes; les autres ne font aucun mouvement et
bornent leur rôle à l'attente : ce sont les oospores.
Ainsi, dans une Algue qui porte le nom de *Sphæ-
roplea annulina*, il existe deux sortes de filaments,
les uns bruns, les autres verts. Dans les filaments
verts, le protoplasma de certaines cellules se divise en un certain nombre de corps ovoïdes qui
restent immobiles; pendant ce temps, les cellules
du filament brun mettent en liberté des spores mobiles, munies de deux flagellums : ces spores, vé-

ritables cellules mâles, s'agitent dans l'eau, puis vont s'appliquer contre les filaments verts, dont les cellules sont percées de pores; elles pénètrent à travers ces orifices dans les cellules et se fusionnent avec les corps ovoïdes immobiles, qui ne sont pas autre chose que des oospores.

Les phénomènes psychologiques de cette conjugaison peuvent se compliquer encore, comme le montre l'observation que Berthold a faite sur la conjugaison des zoospores de l'*Ectocarpus siliculosus*. L'*Ectocarpus* appartient à un groupe d'algues caractérisées par la présence de spores mobiles qui reproduisent la plante. Ces zoospores sont de petites cellules piriformes, dont l'extrémité effilée est incolore et dont l'extrémité arrondie présente une coloration vert brunâtre qui tient à la présence d'un chromatophore volumineux; sur le bord du chromatophore on voit se détacher vivement une tache plus foncée, qui paraît être un œil. Chaque zoospore est en outre munie de deux flagellums qui naissent au même point sur le bord latéral de l'extrémité antérieure du corps; un de ces deux flagellums se dirige en avant et l'autre en arrière. Lorsque les zoospores sont mises en liberté et nagent dans l'eau, elles passent avec indifférence les unes à côté des autres. La cellule femelle n'attire pas autour d'elles les cellules mâles, dont elle ne diffère d'ailleurs par aucun caractère morphologique. Mais, à un moment donné, la zoospore femelle se distingue des cellules mâles en passant à l'état de repos;

pour cela. la base du flagellum antérieur qui a une
insertion latérale. vient se confondre avec la partie
antérieure du corps. de sorte que le flagellum parait sortir de l'extrémité (fig. 16); en même temps.
il se raccourcit et présente à son extrémité libre un

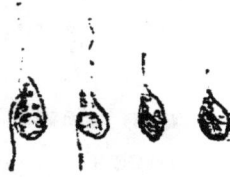

Fig. 16. — Reproduction sexuelle de l'*Ectocarpus siliculosus*. Différents stades
de la zoospore femelle entrant à l'état de repos (d'après Berthold).

petit renflement qui permet à la zoospore de se
fixer sur un corps immobile; quant au flagellum
postérieur. il se rabat sur l'extrémité postérieure
du corps qu'il entoure. et finit par disparaître.

Lorsque la zoospore femelle est devenue immo-

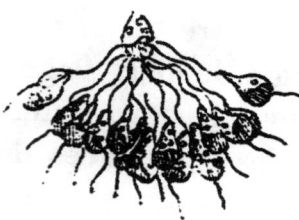

Fig. 17. — Reproduction sexuelle de l'*Ectocarpus siliculosus*. Zoospore
femelle entourée par les zoospores mâles.

bile, on voit les zoospores mâles, jusque-là indiffé-
rentes, se diriger vers elle et l'entourer en demi-
cercle; le nombre des zoospores mâles qui se
réunissent ainsi est très considérable; il dépasse
souvent une centaine (fig. 17). Ils laissent libre-

ment flotter en arrière leur second flagellum et dirigent tous leur filament antérieur vers la cellule femelle; ils promènent leur filament sur le corps de la cellule femelle: ils pratiquent sur elle de véritables attouchements, dont le but est évidemment de provoquer chez la zoospore femelle une excitation génitale, comme le prouvera ce qui va suivre. Il arrive parfois que quelques zoospores mâles quittent leur rang et s'éloignent; elles sont aussitôt remplacées par d'autres, qui se servent également de leurs filaments pour caresser la femelle. Enfin, au bout d'un

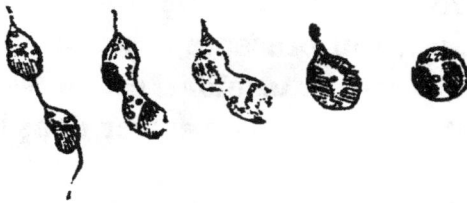

Fig. 18. — *Reproduction sexuelle de l'Ectocarpus siliculosus*. Stades successifs de la copulation de la zoospore femelle avec une des zoospores mâles.

certain temps, une des zoospores mâles sort du demi-cercle et se rapproche de la femelle. Les deux zoospores se conjuguent, après avoir présenté la série de modifications que retrace la figure; quand la fusion est complète, la cellule femelle perd son filament fixateur, et la petite zygote, résultat de cette fusion, devient libre.

Lorsque la zoospore mâle doit parcourir un long chemin pour atteindre la zoospore femelle, on a supposé que cette dernière sécrète une substance qui sert à la cellule mâle d'excitant chimique et

qui lui trace la direction à suivre. Cette hypothèse
est assez vraisemblable ; elle a été émise par Strasburger, qui avait constaté que les spermatozoïdes
du *Marchantia polymorpha* sont attirés par la substance qui sort de l'archégone. Il suffit d'ailleurs
d'assister à une expérience de fécondation artificielle d'œufs de poisson pour arriver à la même
idée. La semence introduite dans le liquide ne se
répand pas partout d'une façon homogène ; on voit
les spermatozoïdes tourbillonner en grandes masses
autour des œufs ; il faut même supposer qu'il y a
quelque excitation d'une nature inconnue qui attire
le spermatozoïde vers le micropyle ; car cette
petite ouverture, qui présente à peine le diamètre
de la tête d'un spermatozoïde, est le seul orifice
par lequel cet élément puisse entrer dans l'œuf pour
le féconder.

Ces vues de l'esprit ont été confirmées dernièrement par des expériences très curieuses de M. Pfeffer,
professeur à l'université de Tübingen, sur les mouvements des spermatozoïdes [1]. Ces recherches ont
porté principalement sur les spermatozoïdes des
Cryptogames ; M. Pfeffer a reconnu que certaines
substances chimiques ont la propriété de les attirer.

Voici la façon de procéder : on place une solution de la substance à essayer dans de petits tubes
capillaires dont la lumière a de cinq à sept cen-
tièmes de millimètre de large ; ces tubes capillaires

---

[1] Pfeffer, *Untersuchungen aus dem botanischen Institut zu
Tübingen*, Ier vol., Leipzig, 1884, p. 363.

trempent dans le liquide d'un petit verre de montre où l'on a placé de nombreux spermatozoïdes. Dans ces conditions. il ne tarde pas à se produire des courants de diffusion entre le tube et le liquide du verre de montre, et l'on voit. quand la substance essayée est convenable. les spermatozoïdes suivre ces courants de diffusion et pénétrer dans le tube.

La substance qui exerce l'attraction varie suivant les végétaux. L'auteur a commencé par expérimenter sur les spermatozoïdes de certaines Fougères (*Adiantum cuneatum*). Après un grand nombre d'essais infructueux. une seule et unique substance s'est montrée active : c'est une solution d'acide malique ou d'un malate. Il est donc à supposer que dans la nature, c'est l'acide malique qui doit servir d'excitation chimique aux spermatozoïdes des Fougères et les diriger vers la cellule femelle.

Voici donc, suivant la supposition de Pfeffer, comment les choses se passeraient dans la nature. La spore d'une Fougère. tombant sur un sol humide, germe et donne naissance à une lame verte, cordiforme, le *prothalle*, sur lequel se développent des organes mâles ou *anthéridies* et des organes femelles ou *archégones*. De l'anthéridie sortent à un certain moment des cellules très allongées, enroulées en spirale et très mobiles : ce sont les spermatozoïdes. Ils sont munis de cils vibratiles à l'aide desquels ils peuvent aller à la recherche de la cellule femelle.

Au même moment. l'organe femelle. l'archégone. s'ouvre et émet une substance mucilagineuse qui doit contenir de l'acide malique ou un malate. car ces corps sont la substance excitatrice spécifique des spermatozoïdes des Fougères. Grâce à une goutte de rosée qui tombe sur le prothalle, les spermatozoïdes nagent et se rapprochent de l'ovule femelle. qui les attire en agissant sur eux par l'acide malique.

Ce qui confirme cette hypothèse. c'est d'abord que toutes les substances essayées sont restées, à l'exception de l'acide malique et des malates. complètement inactives; autre preuve : on trouve de l'acide malique dans les décoctions de prothalle de *Pteris serrulata* et d'*Adiantum capillus veneris;* autre preuve encore : l'acide malique est très répandu dans le règne végétal.

L'auteur a ensuite fait une série de recherches des plus curieuses sur le degré de concentration nécessaire pour attirer les spermatozoïdes. La limite inférieure à laquelle l'attraction commence est fournie par une solution à un millième d'acide malique. C'est ce que l'auteur a désigné par le mot favori des Allemands : *Reizschwelle,* c'est-à-dire le seuil de l'excitation.

Lorsque le verre de montre contient une solution à un millième, pour que les spermatozoïdes passent du verre de montre dans le tube, il faut que la solution contenue dans le tube soit trente fois plus forte, soit $\frac{1}{1000} \times 30 = \frac{3}{100}$. Si le liquide du verre de montre est à 1 centième, il faut également que la solution du tube soit 30 fois plus forte. c'est-à-dire de 3 dixièmes. Dans les expériences. ce rapport de 1 sur 30 est resté constant.

L'auteur compare avec raison le résultat de ces expériences avec la loi posée par Weber. dont M. Delbœuf a donné cette heureuse formule : « La plus petite différence perceptible entre deux excitations de même nature est toujours due à une différence réelle qui croît proportionnellement avec ces excitations mêmes. » Ainsi. pour qu'un poids soit jugé supérieur à un autre. il faut qu'il le surpasse d'une fraction qui varie de 1/3 à 1/5. suivant les individus, quel que soit le poids initial. Par exemple, à un poids de 3 grammes. il faut ajouter 1/3 de 3 grammes pour que le poids paraisse différent. c'est-à-dire 1 gramme. A 4 grammes, il faut ajouter 1/3 de 4 grammes, c'est-à-dire 4/3 de gramme, etc...

D'après Pfeffer, l'application de la loi de Weber à ses expériences est si rigoureuse que, lorsque le liquide du tube contient une solution qui est seulement vingt fois plus forte que celle du verre de montre, les spermatozoïdes restent indifférents. De plus, l'application de la loi n'est pas troublée par les changements de température variant dans de certaines limites. Ainsi, à la température de $+ 5°$. les spermatozoïdes restèrent sensibles à une concentration de liqueur trente fois plus forte.

1 Consulter Ribot, *Psychologie allemande*, p. 161.

En se fondant sur ces expériences, l'auteur est parvenu à déterminer la quantité probable d'acide malique qui devait être contenue duns l'archégone. Cette quantité est probablement de 3 dixièmes.

Les spermatozoïdes du *Selaginella* (Selaginella-cées) sont également attirés par l'acide malique et les malates. Chez les Marsiliacées. la substance spécifique n'a pas été découverte. Même échec pour les Hépatiques. L'auteur en conclut que la substance qui agit dans ces deux cas doit être peu répandue dans le régne végétal.

Pour les spermatozoïdes du *Funaria hygrometrica* (Mousses), la substance active est le sucre de canne. Aucune autre ne les attire. Les spermatozoïdes restent même indifférents à des corps qui ont la plus grande analogie avec le sucre de canne. Nous citerons. par exemple, le sucre de fruits ou lévulose, le sucre de raisin ou glucose, le glycogène, la mannite, le sucre de lait, etc. ; ces substances n'exercent aucune attraction sur les mouvements des spermatozoïdes, tandis que le sucre de canne les attire si énergiquement qu'ils ne tardent pas à bourrer le tube capillaire. L'excitation détermine d'abord dans le spermatozoïde un mouvement de direction, une orientation du corps qui leur permet d'arriver en ligne droite dans le tube. Le même fait a été observé déjà par Strasburger sur les zoospores des Algues ; lorsque ces petits êtres sont attirés par une excitation chimique ou lumineuse, le premier fait qui se produit

est une orientation du corps vers la cause attrac-
tive.

Une solution d'un millième est assez concentrée
pour attirer les spermatozoïdes des Mousses dans
les tubes capillaires. Le seuil de l'excitation est
donc le même pour eux que pour les spermatozoïdes des Fougères. De plus, la loi de Weber se
vérifie encore ici ; seulement, pour que l'excitation
chimique produise une attraction différente, il faut
qu'elle soit 50 fois plus élevée que la première
excitation. Dans les expériences sur les spermatozoïdes des Fougères la raison était un peu inférieure.

L'auteur s'est demandé si, en augmentant la concentration du liquide, on n'atteindrait pas un degré
où l'attraction se changerait en répulsion ; il n'a point
fait l'expérience, mais ce qu'il a observé, c'est
qu'un grand nombre de spermatozoïdes pénètrent
encore dans le tube contenant une solution de
15 p. 100, quoiqu'ils y trouvent rapidement leur
mort.

La conclusion générale qui ressort de ces nombreuses expériences, c'est d'abord que les spermatozoïdes sont sensibles à certaines excitations
chimiques; c'est ensuite que, dans chaque groupe
de végétaux, il existe une substance spéciale jouant
vis-à-vis des spermatozoïdes le rôle d'un excitant
spécifique. L'auteur n'hésite pas à considérer les
spermatozoïdes comme un réactif physiologique de
ces substances, permettant d'en déceler de faibles

traces dans un liquide. Il arrive ainsi à constituer une *méthode des spermatozoïdes*, qui n'est pas sans analogie avec la *méthode des Bactéries*, inventée par Engelmann. Voici une application de cette méthode : une décoction d'herbes ayant présenté la propriété d'attirer les spermatozoïdes des Mousses, l'auteur en conclut que cette décoction doit contenir du sucre de canne.

CHAPITRE IV

LA FONCTION PHYSIOLOGIQUE DU NOYAU

Fonctions attribuées au protoplasma et à la membrane d'enveloppe. — Le Noyau, son importance histologique prouvée par les phénomènes de la karyokinèse. — MM. Balbiani et Gruber ont observé parfois des Infusoires et des Actinophrys dépourvus de noyau. — Expériences de vivisection de Gruber et de Nussbaum sur le *Stentor cœruleus*. — Les fragments pourvus d'un noyau se régénèrent. — Expériences de M. Balbiani. — Confirmation générale des faits observés par Gruber. — Erreur de Gruber relativement aux fragments sans noyau. — Ces fragments ne continuent pas à vivre, leur plasma se désorganise.— Expériences de division faites sur des Infusoires en état de conjugaison. — L'existence de l'ancien noyau dans le fragment coupé ne détermine qu'une régénération incomplète. — Le noyau préside à toutes les fonctions physiologiques dont l'ensemble constitue la vie. — La propriété régénératrice et reproductrice du plasma est détruite avant ses fonctions psychiques. — Accord de tous ces faits avec ceux que l'on observe pendant la division spontanée des Micro-organismes.

Il serait fort intéressant de savoir quel est le siège des phénomènes de la vie de relation dans le corps des Micro-organismes. Nous avons vu que les Micro-organismes sont l'équivalent d'une cellule unique, composée, suivant le schéma classique, d'une masse de protoplasma, d'un noyau cellulaire et d'une membrane d'enveloppe.

Chacun de ces éléments a une importance parti-

12.

culière dans les phénomènes vitaux de ces êtres.
Depuis longtemps. on a attribué au protoplasma le
mouvement. la sensibilité et la préhension des aliments. Cette attribution provenait d'observations
directes: on voyait. en regardant par exemple une
Amibe. que son protoplasma subit des changements
de forme et émet des pseudopodes qui ont pour
but. soit de déplacer l'animal. soit de saisir les
aliments. Le protoplasma paraissait donc être le
seul agent de ces phénomènes. De même les cils
vibratiles des Ciliés. qui sont des organes de mouvement, de préhension et de tact, les suçoirs des
Acinétiniens, qui sont des organes spéciaux de
préhension. ne sont autre chose que des expansions
extérieures du protoplasma.

En ce qui concerne la membrane d'enveloppe,
elle ne peut remplir aucune fonction psychique, par
cette double raison qu'elle constitue un produit de
sécrétion du protoplasma et qu'elle fait défaut
chez beaucoup de Protozoaires, et même chez des
animalcules assez élevés en organisation, comme
certains Infusoires, qui, malgré leur nudité, n'en
présentent pas moins des phénomènes psychiques
aussi complexes que les Infusoires munis d'une
cuticule.

Le rôle du noyau ne se révèle pas aussi facilement à l'observation directe ; dans les conditions
ordinaires de la vie, il n'exécute aucun mouvement;
il reste immobile au centre du corps de l'animal,
entouré de toutes parts par le protoplasma; il n'est

donc pas, comme ce dernier, en contact direct avec
le monde extérieur.

Les premiers faits qui ont permis de soupçonner
l'importance du noyau sont relatifs à la division
des cellules; quand une cellule se partage, le noyau
entre en action, il présente certains mouvements,
et il parcourt des stades compliqués auxquels on
a donné le nom de karyokinèse.

Mais ces phénomènes très complexes montrent
seulement l'importance du noyau comme élément
histologique; ils ne permettent pas de connaître le
rôle physiologique du noyau dans la cellule.

D'autres faits d'observation laissèrent entrevoir
aux naturalistes quels sont les phénomènes qui
sont soumis à l'action du noyau. En 1881, M. Balbiani signala des individus appartenant à l'espèce
Paramæcium aurelia qui étaient dépourvus de
noyau, et qui cependant avaient la faculté de se
mouvoir comme des individus ordinaires : d'où il
concluait que les noyaux étaient sans influence sur
les phénomènes de la vie individuelle. Peu après
Gruber observa de petits individus de l'*Actinophrys
sol* qui absorbaient la nourriture, se déplaçaient
dans le liquide, et même se fusionnaient entre eux
(zygose) et cependant étaient dépourvus de noyau[1].

L'idée vint alors à Gruber, ainsi qu'à Nussbaum,
de diviser artificiellement des Micro-organismes
en plusieurs fragments dont les uns contiendraient

[1] La communication fut faite au *Biologisches Centralblatt*, 1885,
p. 73.

un noyau et les autres n'en contiendraient pas, afin de voir ce qu'il en adviendrait. Gruber. dont les expériences sont les plus importantes. choisit comme sujet d'étude le *Stentor cœruleus*. Infusoire cilié de grande taille. qui présente un noyau en forme de chapelet (moniliforme). Il porta ensuite ses essais sur d'autres espèces, et il conclut que le pouvoir de régénérer les parties perdues appartient à tous les Protozoaires. mais que ce phénomène n'a lieu que lorsque le fragment isolé contient une quantité quelconque du noyau: dans ce cas. l'animal reforme tous les organes qu'il avait perdus par suite de la section. De plus, le processus de formation de ces organes est absolument le même que dans la division spontanée de ces Infusoires. L'excitation produite par l'ablation est donc de même nature que l'excitation inconnue qui provoque la division naturelle du corps.

Par ces expériences, le rôle du noyau apparaissait avec une évidence complète. Dans une seule circonstance, Gruber constata qu'un fragment sans noyau pouvait se régénérer : c'est quand ce fragment contenait un organe en voie de formation, par exemple pendant la division spontanée de l'animal. Ceci revenait à dire que la présence du noyau est nécessaire pour donner l'impulsion à la formation de l'organe, mais qu'il n'est pas nécessaire à l'achèvement de l'organe lorsque l'impulsion a été une fois donnée.

Enfin, si le fragment est totalement dépourvu

de noyau, il ne se régénère pas de façon à constituer un animal complet; si le fragment ne possède pas de bouche ni de péristome, il ne reforme pas une bouche nouvelle et un péristome nouveau; mais les fragments continuent à vivre et à se mouvoir. L'absence de noyau ne suspend pas les fonctions de mouvement, de sensibilité, de nutrition et

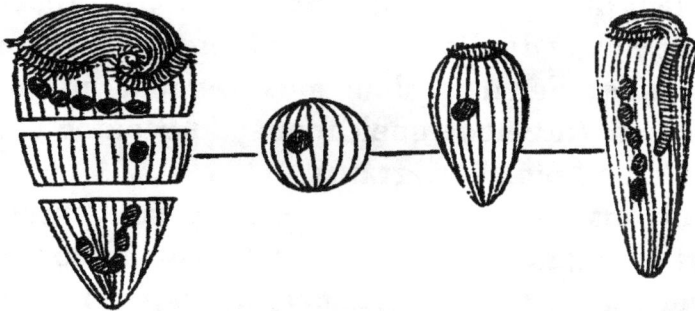

FIG. 19. — Division artificielle du *Stentor cœruleus* (d'après M. Balbiani).

de croissance. C'est là, croyons-nous, une conclusion trop générale, ainsi qu'on le verra plus loin.

Dernièrement, M. Balbiani[1] a repris ces expériences de division artificielle, et, tout en confirmant dans leur ensemble les résultat de Gruber sur la fonction du noyau dans les phénomènes vitaux des Infusoires ciliés, il s'est attaché à préciser davantage un certain nombre de points importants. Ses premières expériences ont porté, comme celles

[1] Nous prenons ici pour guide, avec l'autorisation de M. Balbiani, les leçons orales que l'éminent professeur a faites au Collège de France en mai 1887.

de Gruber. sur le *Stentor cœruleus*. espèce que sa
taille rend des plus favorables à ce genre d'expérience. Dans une observation que nous choisissons
comme type et qui est reproduite par la figure que
M. Balbiani a bien voulu nous communiquer. on
divise le corps du Stentor par deux sections transversales : on obtient trois parties. dont chacune
contient un fragment du noyau: nous rappelons
que le noyau du Stentor est un long chapelet formé
de grains : rien n'est donc plus fréquent que d'obtenir un fragment quelconque du Stentor contenant un ou plusieurs grains.

Suivons les phénomènes qui se sont produits
dans le segment moyen; ce segment ne contenait
qu'un seul grain du chapelet nucléaire. Immédiatement après la section, il prit une forme globuleuse; le lendemain, il s'était allongé, avait formé
à sa partie postérieure une queue. et sur sa partie
antérieure se dessinait une couronne de cils plus
longs que ceux du corps, c'est-à-dire un *péristome;*
un jour après. le fragment avait beaucoup augmenté de volume. et, deux jours après, l'animal
avait formé une bouche: pendant ce temps le grain
nucléaire s'était multiplié : on en comptait cinq.
L'animal avait la forme normale: sa taille était seulement un peu plus petite que celle des Stentors
ordinaires. Ainsi, grâce à la présence d'une petite
quantité de substance nucléaire, le fragment s'était
complètement régénéré.

Il arrive parfois que la section artificielle de l'a-

nimal fait subir aux fragments diverses déforma-
tions. Dans les fragments à noyau. cette déforma-
tion disparait avec la plus grande rapidité. La plaie
se cicatrise instantanément : aussitôt après la section. on voit les deux bords de la plaie s'affronter.

Ainsi. sur tous ces points. confirmation des
expériences de Gruber.

M. Balbiani a voulu s'assurer de ce qui se produisait quand on opère la division pendant l'état
de conjugaison.

On sait que la conjugaison a pour but de remplacer un élément ancien usé. qui a perdu ses propriétés physiologiques. par un élément de nouvelle
formation provenant d'un noyau d'attente (nucléole)
échangé entre les individus conjugués. Il s'agissait
de voir si le noyau qui va disparaître a perdu sa
propriété régénératrice. Chez les Stentors. pendant
la conjugaison, cet ancien noyau se disloque. ses
globules nucléaires se dispersent dans tous les points
du protoplasma. Quand les choses sont dans cet
état, on divise le corps d'un des Stentors de telle
sorte que le fragment contienne quelques-uns de
ces globules dispersés qui proviennent de l'ancien
noyau. Il est bien entendu que c'est tout à fait par
hasard qu'on arrive à obtenir un tel fragment.

Dans une expérience. que nous citons encore
comme type de beaucoup d'autres. le fragment contenant des éléments du vieux noyau tend à se
régénérer ; ce fragment, qui représente la partie
postérieure de l'animal, présente le lendemain un

rudiment de péristome ; la régénération ne va pas
plus loin : elle est incomplète. Ainsi le noyau ancien
perd sa faculté régénératrice.

En ce qui concerne les phénomènes qui se produisent dans le fragment sans noyau, M. Balbiani
a fait faire un pas décisif à la question : il a com-
plété les expériences de Gruber. il les a même
corrigées. et il est parvenu à des conclusions sensiblement différentes.

Pour connaître d'une façon plus approfondie ces
phénomènes liés à l'absence du noyau. l'auteur
s'est adressé à une autre espèce, le *Cyrtostomum
leucas*, qui a l'avantage de pouvoir être conservé
plus longtemps que le Stentor en vie sur une lame
de verre portant une goutte d'eau. Le Cyrtostome
est un gros Infusoire cilié qui a plus de 4 dixièmes
de millimètre de long. Son protoplasma se diffé-
rencie en deux couches, dont l'une, corticale, contient des trichocystes très robustes ; l'autre, l'endoplasme, renferme des matières alimentaires.
L'animal présente sur une de ses faces une bouche
ayant la forme d'une boutonnière longitudinale, et
sur l'autre face une vésicule contractile d'où
rayonnent des canaux flexueux et anastomosés. Il
est facile, en faisant une division transversale,
d'obtenir des fragments sans noyau, le noyau du
Cyrtostome étant formé d'une seule masse arrondie.
Mais ce qui est difficile, c'est d'obtenir des fragments viables, car cet animal a un ectoplasme épais,
et, quand on fait une section, cette couche peu

rétractile ne revient pas sur elle-même pour reboucher la plaie : les bords restent écartés, l'eau vient en contact avec l'endoplasme qui se boursoufle, champignonne et sort de la plaie; l'animal peut ainsi se vider tout entier et mourir par diffluence. Il arrive parfois que l'animal se vide partiellement et que le noyau s'échappe avec une petite quantité du protoplasma. Si la plaie se rétracte, on obtient un fragment qui s'est énucléé lui-même.

Nous ne parlerons point de la façon dont se comporte le fragment pourvu du noyau : il y a ici concordance complète avec ce qui a été observé chez les Stentors; le fragment se régénère rapidement et reforme un animal complet.

Parlons plus longuement du fragment sans noyau. Il continue à vivre quelque temps : on en a gardé vivant jusqu'à huit jours; mais le fragment ne se régénère pas, il ne régularise même pas sa forme; la partie du corps correspondant à la section conserve sa troncature oblique. Au début, pendant les premiers jours, les mouvements continuent; fait curieux, les fragments continuent à se mouvoir dans le même sens que s'ils étaient placés sur un individu complet. Les cils vibratiles ne sont nullement altérés, ils s'agitent avec la même vivacité qu'avant la section. Il y a seulement un peu d'irrégularité dans les mouvements, mais ces mouvements sont aussi volontaires que chez les individus normaux. La vésicule continue à se contracter.

La préhension des aliments est également con-

servée quand le fragment sans noyau contient la
bouche ; la bouche ingère des aliments ; si l'on donne
au Cyrtostome des grains de fécule de pomme de
terre, dont il est très friand, ce fragment sans noyau,
mais muni d'une bouche, avale ces grains et s'en
bourre. On ne sait pas s'il les digère.

Voilà ce que l'on observe dans les premiers temps,
et Gruber a eu tort de s'arrêter là.

Au bout d'un temps variant entre le troisième et
le cinquième jour, on constate dans le fragment des
altérations de structure qui sont probablement sous
l'influence de l'absence du noyau. Une des premières
altérations est une disparition de la différenciation
que nous avons signalée entre l'endoplasme et l'ectoplasme. Les granulations sombres qui remplissent
l'intérieur du corps se concentrent au milieu en
laissant libre la partie périphérique ; puis ces granulations se dispersent et arrivent jusque sous la
cuticule, ce qui indique une déliquescence du
plasma. La couche des trichocystes s'altère et disparaît. Toutes ces altérations résultent d'une véritable
désorganisation du plasma. La vésicule contractile
se rapetisse, ses battements deviennent rares, les
canaux rayonnants disparaissent. Le corps de l'animal, normalement allongé, s'arrondit ; ses mouvements se ralentissent et consistent dans une rotation
lente du corps sur lui-même ; puis l'animal devient
immobile et meurt par diffluence.

Ces altérations ne sont pas dues, comme on pourrait le croire, à un défaut d'alimentation, car les
fragments qui ont une bouche et qui avalent des ali-

ments se comportent de même que les fragments
sans bouche[1].

Il n'est pas besoin d'insister sur l'importance de
ces résultats, fournis par une méthode qu'on peut
appeler la physiologie expérimentale appliquée aux
organismes unicellulaires. Bien que les expériences
aient porté uniquement sur des Infusoires ciliés, on
peut en étendre les résultats à toutes les cellules,
car les Infusoires ne sont autre chose que des cellules autonomes, vivant d'une vie indépendante.

La conclusion des dernières recherches de M. Balbiani, qui, comme on le voit, dépassent de beaucoup
celles de Gruber, c'est que le noyau n'est pas seulement nécessaire à la régénération des parties,
comme le croyait le professeur allemand. L'erreur
commise par Gruber provient de ce qu'il n'a pas
suivi assez longtemps la destinée des fragments
privés de noyau; s'il avait continué l'observation,
il aurait vu que le fragment se désorganise graduellement. Le noyau n'a donc pas seulement une
propriété plastique, il ne préside pas seulement au
maintien, à la régularisation de la forme du corps
et à la cicatrisation des plaies; il n'a pas seulement
une propriété régénératrice, permettant au plasma

[1] Sur notre demande, M. Balbiani nous a appris que les fragments de Cyrtostome munis d'un noyau peuvent être conservés
vivants beaucoup plus longtemps dans les mêmes conditions (c'est-
à-dire dans une goutte d'eau placée sur une lame de verre que l'on
met dans la chambre humide de Malassez) : on peut en conserver
ainsi de vivants pendant un mois, en introduisant dans le liquide
quelques Infusoires qui leur servent de nourriture. Au contraire,
les fragments privés de noyau par la section ne vivent que huit
jours au plus.

de refaire de toutes pièces les organes qu'il a perdus par le sectionnement artificiel. Le noyau est de plus un facteur essentiel de la vitalité du plasma; si on prive un fragment du protoplasma de son noyau, ce fragment continue à vivre pendant quelque temps, puis il se désorganise.

Ce sont là des faits extrêmement complexes et qu'il est par conséquent difficile de résumer dans une formule.

Sans doute on ne peut pas considérer le protoplasma comme une matière inerte; mais ce qui paraît probable, c'est que le protoplasma reçoit du noyau la communication, la délégation des propriétés physiologiques; le noyau est en quelque sorte le foyer de la vie sous toutes ses formes.

Si par une section artificielle on supprime le noyau, le fragment de protoplasma énucléé continue à vivre quelque temps, parce qu'il a reçu du noyau une impulsion qui ne s'est pas encore épuisée; mais, au bout de quelque temps, l'impulsion donnée par le noyau ne s'étant pas renouvelée, le protoplasma s'arrête et se détruit.

Au point de vue psychique, qui nous intéresse ici plus particulièrement, comment doit-on interpréter les résultats de ces expériences de vivisection cellulaire? Lorsqu'on voit un fragment d'organisme, dépourvu de noyau, qui continue à se mouvoir librement, et avec la même activité que s'il possédait encore son noyau, on doit admettre que les phénomènes de la vie de relation, le mouvement et la sensibilité, ont pour siège le protoplasma. Mais il est probable

que ces propriétés physiologiques. comme les propriétés de nutrition. ne sont pas inhérentes au protoplasma; elles dépendent étroitement de l'existence du noyau. car elles s'effacent peu à peu et
finissent par disparaître quelques jours après l'ablation du noyau[1].

Nous remarquerons en passant qu'il existe certaines propriétés psychiques que le noyau parait ne
pas communiquer au protoplasma. mais qu'il conserve en propre; il en est ainsi pour l'instinct de la
génération. On a vu plus haut que. pendant les
épidémies de conjugaison. les Paramécies dont le
noyau est envahi par des parasites cessent de chercher à se conjuguer avec des animaux de la même
espèce. La destruction de leur noyau par les Bactéries produit sur les Paramécies l'effet d'une véritable castration.

Ainsi la suppression du noyau entraine l'altération des fonctions suivantes. et dans l'ordre chrono-
logique suivant :

1° Propriété régénératrice et reproductrice du
plasma ;

2° Vitalité du plasma et fonctions psychiques.

Le psychologue remarquera avec intérèt que la
fonction psychique du protoplasma survit pendant
un temps appréciable à sa fonction régénératrice;

---

[1] Le point délicat est de savoir si les propriétés psychiques du
protoplasma sont détruites par un effet direct de la désorganisation
du plasma, ou disparaissent un peu avant cette désorganisation et
par suite de l'absence du noyau.

un fragment de cellule qui. déformé par la section. ne parvient pas à régulariser son contour, à sécréter une cuticule nouvelle et à régénérer les organes perdus. est cependant encore capable de ressentir les impressions et d'y répondre par des mouvements. La vie psychique est donc une propriété de la matière vivante qui paraît moins complexe que la propriété régénératrice. puisqu'elle meurt plus tard.

En résumé. le noyau a dans la cellule le rôle primordial; si. reprenant une vieille comparaison d'Aristote. on compare le protoplasma à l'argile. il faut comparer le noyau au potier qui la façonne. Le noyau résume en lui toutes les propriétés physiologiques dont l'ensemble constitue la vie.

Il est intéressant de remarquer quel accord parfait règne entre ces faits nouvellement découverts et ceux qui sont relatifs à la fécondation. La fécondation consiste dans la fusion de deux noyaux, dont l'un provient du père et l'autre de la mère. C'est donc par l'intermédiaire du noyau que sont transmis à l'embryon toutes les facultés. toutes les propriétés des parents. la forme de leur corps de même que leurs facultés morales; il faut donc que toutes ces propriétés se trouvent. comme nous l'avons dit, résumées dans le noyau. pour qu'elles puissent passer par son intermédiaire dans l'embryon.

Il faut remarquer encore que l'embryon tient de la mère quelque chose de plus que son noyau; tandis qu'il se rattache au père par la tête du sperma-

tozoïde. qui a la valeur morphologique d'un noyau.
il reçoit de la mère non seulement le noyau femelle
(vésicule germinative). mais encore le plasma vitellin de l'ovule; or. comme l'embryon ne présente
pas une ressemblance morphologique plus grande
avec sa mère qu'avec son père. on peut en conclure
que le protoplasma vitellin qu'il hérite de sa mère
n'exerce aucune influence plastique sur le développement de son corps.

Ce ne sont pas là les seuls faits dont nous dési-
rons montrer la connexion avec les résultats des
expériences sur la fonction du noyau. Il importe
d'indiquer ici comment se fait la reproduction chez
les Micro-organismes qui possèdent. outre leur
noyau. d'autres organes différenciés. Le mode le
mieux connu et peut-être le plus général de reproduction est la fissiparité. qui consiste dans une division du corps tout entier en deux parties égales.
Si l'on suit exactement la marche de ce phénomène
chez un être quelconque. par exemple chez un Flagellé. on remarque que la division débute par une
multiplication des principaux organes du corps. Le
noyau commence par s'allonger et se place perpen-
diculairement au plan de division. Le premier organe qui se multiplie est le flagellum; il ne se fend
pas en deux. comme l'ont cru quelques auteurs anglais; d'après les observations de Bütschli et de
Klebs, il se forme un second flagellum de toutes
pièces. La tache pigmentaire ne se dédouble pas
davantage; l'œil ancien reste affecté à l'une des

moitiés, tandis que l'autre moitié acquiert un œil
nouveau, formé de toutes pièces: il en est de même
de la bouche et de l'œsophage. Il n'y a que deux
éléments qui se multiplient par division : ce sont
les chromatophores et le noyau; or, si l'on remarque
que les chromatophores contiennent un corps, le
pyrénoïde, qui offre la plus grande analogie de
composition chimique avec le noyau, on arrive à
dire que les éléments nucléaires de la cellule sont
les seuls qui ne se reproduisent pas par néoforma-
tion, comme les cils ou les flagellums, aux dépens
du protoplasma.

On comprend la raison de ce mode de multiplication des éléments nucléaires, si on le rapproche
des expériences qui ont été faites sur les propriétés
plastiques du noyau. Nous avons vu en effet que le
noyau peut régénérer le protoplasma, mais que le
protoplasma ne peut pas régénérer le noyau. On
voit maintenant que la régénération des organes
perdus à la suite de la division spontanée des cellules est soumise à la même loi que la régénération
à la suite d'une division artificielle: pas plus dans
un cas que dans l'autre, le protoplasma ne peut
régénérer un élément nucléaire : il faut que cet
élément se divise pour se reproduire.

CHAPITRE V

CONCLUSION

Les conclusions psychologiques de notre travail sont en contradiction avec les opinions généralement admises sur la psychologie cellulaire. On a soutenu que la psychologie cellulaire est représentée uniquement par les lois de l'irritabilité. M. Richet. dans son *Essai de psychologie générale.* qui est remarquable à tant d'égards. s'est fait l'avocat de cette opinion. contre laquelle nous n'hésitons pas à nous inscrire en faux. L'éminent professeur a écrit les lignes suivantes dans le livre dont nous venons de parler :

« Il est des êtres simples qui semblent n'être qu'un assemblage homogène de cellules irritables. La réaction motrice à l'irritation extérieure constitue leur vie de relation. L'irritabilité est leur vie tout entière, mais c'est déjà de la vie psychique : de sorte que l'irritabilité cellulaire peut être considérée comme *la vie psychique élémentaire*[1]. »

En lisant attentivement ce passage. on voit que

[1] *Essai de psychologie générale*, 1887. p. 20.

M. Richet réduit à l'irritabilité non seulement des organismes unicellulaires, mais encore des organismes pluricellulaires, formés par la réunion de cellules homogènes.

M. Romanes, dans son ouvrage sur l'*Evolution mentale* : sans arriver à une conclusion aussi précise que M. Richet, nous semble avoir réduit à de bien faibles proportions l'activité psychique des proto-organismes. C'est ce qu'on remarque en jetant les yeux sur son *Diagramme de l'évolution mentale* : il ne reconnaît à l'œuf et au spermatozoïde de l'homme, par exemple, que l'excitabilité. Il y a là une erreur manifeste : les éléments sexuels, et en particulier le spermatozoïde, sont certainement, parmi les organismes unicellulaires, ceux qui présentent les fonctions psychiques les plus développées ; l'acte de chercher à se rapprocher de l'ovule, qui souvent est placé à une grande distance du point où l'élément mâle est déposé, la longueur du chemin à parcourir, les obstacles à surmonter, tout cela suppose chez le spermatozoïde des facultés qui ne sauraient s'expliquer par la simple irritabilité.

Il nous semble que, jusqu'ici, les auteurs qui ont essayé de représenter la psychologie des Micro-organismes, se sont contentés de notions schématiques, au lieu de recourir à l'observation directe de ces êtres si intéressants. A l'aide de documents précis, nous avons montré qu'on trouve chez les Micro-organismes, tant animaux que végétaux, des phénomènes qui appartiennent à une psychologie très

complexe et qui paraissent hors de proportion avec
la petite masse de protoplasma servant de substratum à ces phénomènes.

Nous discuterons, tout d'abord, le terme d'irritabilité qui, quoique très ancien, ne nous paraît pas
heureusement choisi, car il est très vague, et on
ne sait pas au juste ce qu'il signifie. On pourrait
rappeler à ce sujet la réflexion de Kant sur les propriétés obscures, qu'il compare à des lits de repos
sur lesquels la raison se délasse. Au lieu de discuter sur des mots, essayons de discuter sur des
faits.

Que faut-il entendre par l'irritabilité? On peut
donner à cette expression un sens très étendu ou
très étroit. On peut lui faire exprimer la propriété
qu'a tout organisme de réagir après une excitation.
Dans cette acception générale, on peut dire que
l'irritabilité résume toute la psychologie, la plus
élevée comme la plus élémentaire, car toute mani-
festation psychique consiste, en dernière analyse,
dans une réponse à une excitation.

Evidemment, ce n'est pas dans ce sens général
et quelque peu banal que M. Richet a voulu
employer le mot irritabilité. Pour avoir une définition un peu précise, consultons son ouvrage,
dont un chapitre tout entier, le premier, est
consacré à ce sujet; l'auteur énumère et développe
longuement les lois de l'irritabilité :

1° Toute action qui modifie l'état actuel d'une
cellule est un irritant de la cellule ;

2° Toute force extérieure, à condition qu'elle ait une certaine intensité, est capable de mettre en jeu l'irritabilité cellulaire ;

3° Le mouvement de réponse à l'irritation est proportionnel à l'excitation ;

4° Le mouvement de réponse à l'irritation est d'autant plus fort, pour des irritations égales, que l'équilibre de la cellule est moins stable, autrement dit d'autant plus fort que la cellule est plus excitable ;

5° La réponse à l'irritation est un mouvement en forme d'onde, qui a une période latente très brève, une période d'ascension assez courte, et une période de descente très longue ;

6° Le mouvement de la cellule à l'irritation est, pour des irritations égales, d'autant plus fort que l'irritation a été plus soudaine ;

7° Le mouvement de réponse à une irritation brève dure beaucoup plus longtemps que n'a duré l'irritation ;

8° Des forces qui, isolées, paraissent impuissantes, deviennent efficaces quand elles sont répétées ; car elles ont, malgré leur inefficacité apparente, augmenté l'excitabilité de l'organisme.

L'énoncé de ces diverses lois donne au terme d'irritabilité une précision qui lui manquait. M. Richet a surtout eu en vue la fibre musculaire, et les lois de l'irritabilité ne font que résumer une série d'expériences physiologiques faites sur la réaction du muscle strié. Ce ne sont donc pas des

lois hypothétiques, mais bien plutôt des expériences
particulières généralisées et étendues au protoplasma non différencié. Il convient de remarquer
qu'on n'est pas encore parvenu, au moyen d'expériences directes, à saisir sur le vif les lois de
l'irritabilité du protoplasma non différencié. Les
expériences faites sur ce point, par exemple en
faisant contracter le protoplasma d'une cellule
isolée au moyen d'une décharge électrique, ne sont
pas arrivées jusqu'ici à un résultat précis, car la
structure du protoplasma est si délicate et si complexe qu'il suffit d'une excitation même légère
pour en produire l'altération, et il est difficile de
distinguer la contraction du protoplasma de sa
coagulation. Mais nous laissons de côté cette question accessoire.

Il reste à savoir si les expériences compliquées de
physiologie musculaire, que M. Richet généralise
et étend à la physiologie de toutes les cellules,
résument et comprennent toute la psychologie d'un
organisme indépendant et si l'on peut dire, avec
M. Richet, que l'irritabilité ainsi comprise représente toute la psychologie cellulaire.

Evidemment non : les nombreux faits que nous
avons rapportés dans notre travail débordent ces
limites trop étroites dans lesquelles on veut
enserrer la psychologie cellulaire. Nous nous
bornerons à en rappeler un, pour montrer la complexité de la vie psychique des Micro-organismes :
c'est l'existence d'une faculté de sélection, s'exer-

çant soit dans la recherche de l'aliment, soit dans les phénomènes de conjugaison. Ce choix est un phénomène capital : on pourrait le prendre comme représentant la caractéristique des fonctions du système nerveux. Ainsi que Romanes l'a bien vu, le pouvoir de choisir peut être considéré comme le critérium des facultés psychiques. Allant plus loin, nous pourrions dire que la sélection résume les propriétés de la cellule nerveuse, de même que l'irritabilité résume les propriétés de la cellule musculaire.

Les auteurs ont essayé d'expliquer le mécanisme de ce choix. On a prétendu l'éclaircir en disant qu'il était fondé sur une relation entre la composition chimique de la cellule qui choisit et la composition chimique du corps quelconque qui est choisi.

Ce sont là des explications purement verbales. Sans doute, la faculté de sélection dont le protoplasma paraît doué repose sur la nature de sa composition chimique ; la chimie est à la base de la physiologie, mais elle n'explique pas la physiologie, et il est bien évident que cette propriété qu'a le protoplasma de choisir entre plusieurs excitations est une propriété physiologique.

Quoi qu'il en soit, nous pouvons résumer tout ce qui précède en disant que chaque Micro-organisme a une vie psychique dont la complexité dépasse les limites de l'irritabilité cellulaire, car tout Micro-organisme possède une faculté de sélection : il choisit son aliment. comme il choisit l'animal avec lequel il s'accouple.

M. Richet a défendu son opinion contre la nôtre dans une note publiée par la *Revue philosophique*[1] : je reproduis ici ma réponse. en la dégageant de tout caractère de polémique. et en la présentant comme conclusion générale de mon travail.

M. Richet, qui a pu constater que les Micro-organismes se livrent à des manifestations psychiques complexes, dépassant de beaucoup. comme il le remarque. les limites de l'irritabilité. commence par faire cette objection que l'étude de ces phénomènes ne fait pas partie de la psychologie cellulaire. Evidemment. toute la question est de savoir ce qu'il faut entendre par une cellule.

En donnant à la psychologie de ces êtres microscopiques le nom de psychologie cellulaire. je n'ai pas inventé une expression nouvelle. ni donné un sens nouveau à une expression ancienne. M. Haeckel, bien longtemps avant moi. a fait une étude sur la psychologie cellulaire. et son étude repose tout entière. comme la mienne. sur l'observation des Micro-organismes animaux et végétaux. Au reste. les Micro-organismes étant représentés par une cellule unique (et cette doctrine de l'uni-cellularité est aujourd'hui acceptée universellement). l'étude de leurs manifestations psychiques peut. à juste titre. ce me semble. s'appeler de la psychologie cellulaire.

[1] Numéro de février 1888.

M. Richet critique l'emploi de cette expression : mais il le fait en substituant à la définition ancienne de la cellule une définition toute personnelle. Pour lui, un Micro-organisme qui, comme l'Euglène, a un œil, une bouche, un œsophage, une vésicule contractile, ne serait pas une cellule. Admettre une pareille opinion, c'est se laisser prendre, dit-il, au *mirage* du mot cellule. Il n'est point ici question, à notre avis, d'une illusion d'optique, mais d'une définition de mots. Qu'est-ce donc qu'une cellule ? « Pour le physiologiste et le psychologue, dit M. Richet, la cellule n'a pas une entité distincte, ou du moins cette entité, cette unité a besoin d'une condition essentielle, c'est l'homogénéité. »

Pour M. Richet, la cellule est un corps homogène : un corps qui contient des parties différenciées n'est pas une cellule.

Nous n'avons pas besoin de faire remarquer combien cette notion de la cellule s'éloigne de la définition classique. On a appelé jusqu'ici du nom de cellule un corps formé par la réunion de deux parties essentielles, une masse de protoplasma et un noyau. On discute la question de savoir s'il existe des éléments ne possédant pas de noyau et méritant le nom de *cytodes*, imaginé par M. Haeckel. L'observation attentive des Micro-organismes, au moyen des procédés perfectionnés de la technique, a permis de découvrir dans des cellules que M. Haeckel rangeait parmi les cytodes des centaines de noyaux.

Il en est ainsi notamment pour beaucoup d'algues et de champignons inférieurs. Le nombre des Monériens — groupe de Micro-organismes animaux qu'on a crus dépourvus de noyau — diminue de plus en plus, à mesure qu'on les étudie plus attentivement. Il est vrai qu'on n'est pas encore parvenu jusqu'ici à constater la présence d'un noyau chez les Bactéries : mais cela ne prouve nullement que les Bactéries n'en possèdent pas. Les connaissances que nous avons sur la morphologie des êtres microscopiques sont tout à fait relatives et dépendent de l'état de la technique. Lorsqu'on songe que l'existence d'un noyau est restée longtemps inaperçue chez des êtres qui sont plusieurs centaines de fois plus gros que les Bactéries, on ne doit pas être étonné qu'on n'ait pas réussi à le constater chez ces dernières.

D'ailleurs, on peut même aller plus loin, et mettre en doute l'existence matérielle d'un corps formé uniquement de protoplasma, en se fondant sur les expériences de Gruber, de Nussbann, de Balbiani, que j'ai rapportées dans mon travail, et sur les expériences plus récentes de Klebs qui sont en accord parfait avec les précédentes. Ces différents observateurs ont montré que le noyau est un élément essentiel à la vie de la cellule, et que lorsque, par une section artificielle, on obtient une partie du corps cellulaire dépourvue de noyau, ce fragment ne régénère pas les organes qu'il a perdus par l'effet du sectionnement ; il ne cicatrise pas sa plaie,

il ne régularise pas sa forme: et. de plus. au bout
d'un certain temps. son protoplasma. soustrait à
l'influence du noyau. subit une désorganisation
complète. Ces expériences ont été faites non seulement sur des Micro-organismes animaux. mais sur
des cellules végétales. Elles prouvent l'importance
primordiale du noyau dans la cellule. et rendent
douteuse. par là même. l'existence des cellules dépourvues de noyau.

Puisque toute cellule renferme. très vraisem-
blablement. deux éléments distincts. différenciés.
le protoplasma et le noyau, qui n'ont ni la même
structure physique. ni la même constitution chimique. ni les mêmes fonctions physiologiques. on
comprend qu'il serait fort difficile de trouver à
citer un seul exemple de cellule simple, homogène.
Il convient d'ajouter que ni le protoplasma ni le
noyau. considérés chacun à part. ne sont des substances homogènes. Nous n'avons pas besoin d'é-
numérer toutes les recherches qui ont été faites
sur ce point. Rappelons seulement que le protoplasma paraît constitué. au point de vue morphologique. par deux substances. une substance semi-
liquide homogène. et une substance plus solide,
présentant, suivant les auteurs, tantôt la forme
de filaments libres. tantôt la structure d'un réseau.

Il est donc impossible d'admettre aujourd'hui qu'il
existe des cellules homogènes, à moins de revenir à
la théorie de Dujardin sur le sarcode. Il n'existe

point d'êtres simples, et ceux qui paraissent tels
sont seulement mal connus.

Cependant, il ne faut peut-être pas prendre à la
lettre les termes employés par M. Richet. Lorsqu'il
parle de cellules homogènes, peut-être veut-il simplement parler de cellules dans lesquelles on ne
trouve, en outre du noyau, aucun organe différencié.

Or, il importe de remarquer que même chez des
êtres dont le corps est composé simplement de protoplasma et d'un noyau, la psychologie est déjà
fort complexe, et n'est pas représentée seulement
par les lois de l'irritabilité.

Le *Vampyrella spirogyræ*, rangé par Zopf parmi
les animaux-champignons, et dont la situation est
encore si peu connue, est un être dont le corps est
constitué simplement par une masse de protoplasma et un noyau. On n'a découvert jusqu'ici chez
cet être aucun organe différencié, sauf un à quatre
vésicules contractiles. Peut-être doit-on, en employant la terminologie de M. Richet, donner à
cet être le nom de cellule simple ; cependant cette
cellule simple, a une psychologie fort compliquée,
car elle fait un choix dans ses aliments : elle n'attaque que les Spirogyra.

Il en est de même du *Monas amyli*, qui ne possède ni œil, ni bouche, qui représente donc pour
M. Richet une cellule simple, et qui cependant
exerce un choix dans son alimentation, car il se
nourrit exclusivement de grains d'amidon.

Les éléments anatomiques des tissus ne diffèrent

pas autant qu'on pourrait le croire des Micro-organismes dont j'ai essayé de rapporter l'histoire psychologique : ils présentent les mêmes facultés de
sélection, et je me borne à rappeler, à ce sujet, les
cellules épithéliales de l'intestin, ou cellules phagocytes, dont j'ai décrit les propriétés dans mon
travail, et qui savent faire une distinction, par
exemple entre les gouttelettes de graisse et les particules de charbon, car elles absorbent les premières et n'absorbent pas les secondes.

Je le répète donc, aucune cellule vivante actuellement définie n'est une cellule simple, et je ne
crois pas que M. Richet en ait cité un bon exemple,
en parlant de la cellule musculaire, car c'est un
des éléments les plus différenciés qui existent.

Je ne vois donc pas à quels éléments, à quels
êtres clairement définis pourrait s'appliquer la psychologie cellulaire simple, réduite à l'irritabilité,
que M. Richet me propose de distinguer de la psychologie cellulaire complexe, laquelle serait réser-
vée exclusivement aux Micro-organismes animaux
et végétaux que j'ai décrits.

Il me semble que cette psychologie cellulaire
simple manque de base : c'est une conception de
l'esprit plutôt qu'une étude reposant sur des faits
d'observation.

Dans le livre de M. Richet sur la psychologie
générale je ne trouve aucune indication à l'égard
des êtres dont il veut parler. Il se contente de parler d'êtres simples, sans les définir autrement

(p. 20 et p. 27). A la fin de ses observations relatives à mon travail. M. Richet cite un exemple
d'êtres simples, ce sont les Bactéries : à son avis.
l'irritabilité chimique parait être la seule loi de leur
mouvement. « Qu'est-ce donc. dit-il. que les mouvements des bactéries. sinon une affinité pour l'oxygène, c'est-à-dire en somme le phénomène chimique le plus simple et le plus général qui existe
dans la nature ? »

Quant à nous. nous prenons cette dernière
phrase pour une métaphore ; nous croyons que personne encore n'a démontré que les mouvements
d'un être vivant, si simple qu'il soit. lorsqu'il se
porte sur un objet éloigné, s'expliquent simplement
par une affinité chimique s'exerçant entre cet être
et cet objet. Ce n'est point l'affinité chimique qui
est en jeu, mais bien plutôt un besoin physiologique.

La vie psychique, lorsqu'on y regarde de près.
est à l'instar de son substratum. la matière vivante.
une chose extrêmement complexe. C'est. chez moi.
une conviction profonde ; elle repose, non sur des
notions abstraites, sur des schémas, mais sur les
observations que j'ai rapportées, observations qui
ne me sont point personnelles, qui émanent des
auteurs les plus autorisés. et dont j'ai pu vérifier
de mes propres yeux une grande partie.

L'INTENSITÉ DES IMAGES MENTALES

CHAPITRE PREMIER

I

L'intensité d'une image comparée à l'intensité d'une contraction musculaire. — Une image vraie et une image intense. — L'idée seule de la suggestion ne suffit pas pour la réaliser. — Expériences à l'appui. — L'association est une ligne de forces. — Influence de la répétition de la suggestion sur son effet. — Influence de l'autorité de l'expérimentateur. — Influence du *rapport* établi entre l'expérimentateur et son sujet. — Le somnambulisme électif a un caractère sexuel. — Influence de l'attention du sujet. — L'association par ressemblance et l'association par contiguïté. — Chez W.... pendant la catalepsie, ce sont les associations par contiguïté qui prédominent : pendant la période écholalique, ce sont les associations par ressemblance.

II

Influence des excitations périphériques sur l'intensité des images. — Excitation de la mémoire par la vue des couleurs. — Renforcement d'une suggestion par excitation périphérique. — Recherche des excitations périphériques par les névropathes.

III

Surexcitation psychique par une suggestion portant sur les muscles de la région du sourcil.

1. — Le monde d'images que chacun de nous porte dans son esprit a ses lois comme le monde

matériel qui nous entoure : ces lois sont surtout
analogues à celles de la matière organique, car les
images sont des éléments vivants qui naissent, qui
se transforment et qui meurent. Nous voulons,
dans cette courte étude, insister sur une propriété
particulière des images, l'*intensité*.

Pour se rendre un compte exact de ce que c'est
qu'une image intense, il faut se rappeler ce que
c'est qu'une sensation intense ; une lumière produite par dix bougies donne une sensation plus
intense que la lumière d'une bougie unique ; un
kilogramme de plomb tombant sur une table produit un bruit plus intense que le bruit d'un gramme,
quoique le son puisse avoir dans les deux cas
même hauteur et même timbre, et ainsi de suite.
Donc le souvenir, l'image de chacune de ces excitations fortes est nécessairement plus intense que
le souvenir de chacune de ces excitations faibles.

Il faut ajouter à ce caractère subjectif la supposition qu'un caractère objectif l'accompagne nécessairement. Étant donné que toute image correspond
à un processus physiologique déterminé comme
nature et comme siège, il est probable que le processus de l'image forte diffère grandement du processus de l'image faible ; il y a dans le premier
cas désintégration d'une plus grande quantité de
matière nerveuse.

Il faut s'habituer à considérer une image comme
pouvant passer par les mêmes degrés d'intensité
qu'une contraction musculaire. La comparaison

entre l'image et la contraction musculaire est d'autant plus exacte que ce qui détermine la force de la contraction. c'est moins le muscle que la cellule nerveuse motrice: on en a la preuve très nette dans le phénomène du transfert: chez une certaine catégorie de sujets. l'application unilatérale de plaques métalliques opère le transport de la force musculaire de la main droite dans la main gauche. qui devient ainsi capable de donner au dynanomètre un chiffre beaucoup plus considérable que si le transfert n'avait pas eu lieu: ce résultat ne dépend pas des muscles du bras gauche. mais seulement d'un déplacement de force nerveuse dans les centres moteurs.

A l'appui de cette comparaison entre le phénomène musculaire et le phénomène d'idéation. on peut ajouter que la plupart des causes qui agissent sur la puissance motrice agissent également sur le pouvoir de visualisation. De même que chez un individu hyperexcitable l'intensité de l'effort moteur s'accroît sous l'influence d'excitations périphériques. telles que la vision du rouge ou la sensation d'une odeur forte, comme le musc[1], de même. sous l'influence de ces excitations dynamogéniantes, l'image mentale qui est présente à l'esprit du sujet devient plus intense.

Cette qualité de l'*intensité* est généralement négligée en pratique, car ce que nous recher-

[1] Ch. Féré, *Sensation et Mouvement*. 1 vol. in-18.

chons dans les images. c'est une qualité tout
à fait différente et indépendante de la première.
c'est-à-dire la *vérité*. Mais la vérité n'est rien sans
l'intensité. Quand deux raisonnements sont inégalement forts. c'est le plus fort qui triomphera,
qu'il soit vrai ou qu'il soit faux. On ne parle pas de
vérité en mécanique; il n'y a que les forces qui
agissent: il en est de même en psychologie : toute
discussion. toute délibération est au fond un problème de cinématique. En étudiant l'intensité des
images, nous étudions en réalité la manière dont,
en fait, se fondent nos convictions, vraies ou
fausses.

Les expériences d'hypnotisme vont nous servir
d'introduction et de guide dans ce sujet, qui présente un grand nombre de difficultés.

Prenons la suggestion d'une hallucination; on
sait en quoi elle consiste : l'opérateur affirme à son
sujet que tel objet existe devant ses yeux, et l'hypnotique le perçoit; on lui dit par exemple : « Voilà
un serpent! » et aussitôt un serpent apparaît. On
a déjà remarqué plus d'une fois que la suggestion
n'est pas un procédé spécial à l'hypnotisme. Lorsque
deux personnes causent, et que l'une des deux
affirme un fait, elle se sert en réalité de la suggestion verbale; seulement, quand la suggestion
s'adresse à une personne normale, elle ne produit pas une hallucination, elle produit un état
plus faible, une idée. Affirmez à une personne
éveillée et non suggestible qu'elle a un couteau

entre les mains, elle ne le *verra pas*, comme cela arrive chez l'hypnotique, mais elle en aura l'idée, la représentation mentale. D'où vient donc la différence de ces deux résultats? D'où vient que le même mot donne à l'hypnotique une hallucination et à l'individu normal une simple idée?

On pourrait alléguer que l'hypnotique est un sujet hyperexcitable et que toute idée qu'on lui suggère devient hallucinatoire parce que cette idée atteint son maximum d'énergie. Mais cette raison n'est vraie qu'en partie. Il ne faut pas croire qu'on ne puisse pas causer avec une hypnotique sans lui donner des hallucinations. Nous avons pour notre part maintes fois échangé des idées avec les sujets, leur demandant ce qu'ils pensaient de tels faits, s'ils se souvenaient de tel événement : les objets que nous nommions dans le cours de notre conversation ne devenaient pas nécessairement hallucinatoires. L'état organique du somnambule n'explique donc pas complètement comment un mot peut l'halluciner, puisque souvent ce mot ne l'hallucine pas.

C'est qu'en effet, lorsqu'on veut produire une hallucination, il ne suffit pas d'*indiquer une idée* au somnambule; qui dit suggestion dit affirmation.

L'opérateur, quand il veut que la suggestion réussisse, doit répéter et accentuer la suggestion, absolument comme tout individu qui veut en convaincre un autre doit insister et répéter plusieurs fois les mêmes paroles alors même qu'il ne trouve

aucun argument nouveau. J'ai recueilli plusieurs
faits qui montrent que l'*idée seule* de la suggestion
ne suffit pas pour la réaliser. J'endormais habituellement une de mes malades en lui montrant
une clef à laquelle j'avais attaché la suggestion de
sommeil: cette suggestion avait si bien réussi
qu'il me suffisait. tout en causant avec elle. de
jeter négligemment la clef sur la table pour qu'elle
tombât brusquement en somnambulisme[1]. Mon sujet eut une après-midi une attaque d'hystérie; on
sait que les attaques ont pour effet de détruire ou
d'affaiblir les suggestions antérieures. Le lendemain. je présente la clef à la malade; elle la
regarde. et. au lieu de tomber instantanément en
somnambulisme. elle sourit. Je lui demande :

   « Pourquoi souriez-vous?

   — C'est que je me rappelle qu'autrefois la vue
de cette clef me faisait dormir; et maintenant, cela
ne me fait plus rien. » Ainsi cette malade se souve-
nait de la suggestion. elle en avait conservé l'idée,
mais cette idée était devenue inefficace parce
qu'elle s'était affaiblie.

   Un autre jour. je donne à cette même malade
une suggestion compliquée; puis j'ajoute. me parlant à moi-même :

---

[1] La même clef. présentée par une autre personne en mon
absence. produisait également le sommeil; seulement la malade.
dans ce sommeil. n'était en rapport qu'avec moi; elle n'obéissait
qu'à mes suggestions. moi seul pouvais la toucher sans qu'elle se
défendît et la réveiller. Je note en passant ce mode particulier et
tout nouveau de production du somnambulisme électif.

« Pourvu qu'elle s'en souvienne à l'état de veille.

— Si vous voulez que je m'en souvienne. me dit la malade. il faut que vous me l'ordonniez. »

Cette remarque très juste nous montre que le sujet a compris que l'idée de la suggestion n'est pas suffisante pour que la suggestion s'effectue: le sujet a bien le désir de se rappeler à l'état de veille ce que je viens de lui dire. mais il a besoin de mon autorité pour assurer sa mémoire : il m'indique la suggestion à lui donner. mais il a besoin que je la lui donne. parce que mon affirmation la rendra plus énergique. Je m'explique encore de la même façon comment un de mes sujets qui avait des insomnies. me pria un jour. pendant qu'il était en somnambulisme. de lui donner une suggestion de sommeil pour la nuit suivante.

Mêmes observations peuvent être faites dans les suggestions à l'état de veille. M. Beaunis rapporte qu'il dit un jour à Mlle A. E.... au moment où ils sortaient ensemble de chez M. Liébeault : « A propos. vous savez que le Dr Liébeault pendant votre sommeil vous a suggéré que vous dormiriez cinq minutes à trois heures de l'après-midi. » Cette parole ne produisit aucun effet. M. Beaunis est persuadé que. s'il lui avait simplement dit : « Vous dormirez cinq minutes à trois heures ». elle se serait endormie infailliblement. comme il l'a constaté nombre de fois. C'est que. dans ce cas. l'affirmation aurait dynamogénié l'idée.

De tous ces faits ressort une première conclusion.

14.

intéressante pour la théorie de la suggestion : c'est
que la suggestion ne consiste pas seulement à
introduire dans l'esprit d'une personne l'*idée* du
phénomène à produire : il faut en outre que cette
idée soit *intense*. Or, ce qui donne de l'intensité à
l'idée suggérée, c'est la manière dont on la suggère,
c'est le ton de la voix, l'autorité de la personne[1],
le mode d'affirmation. Une tournure dubitative,
« si vous faisiez telle chose... » produirait un effet
bien moins énergique. Il en résulte qu'on ne peut
pas expliquer tout simplement le mécanisme d'une
suggestion hallucinatoire, en disant que la parole
adressée à l'hypnotique éveille, par association
d'idées, l'image de l'hallucination : pour être exact,
il faut ajouter que l'intensité de l'image suggérée
est en quelque sorte en rapport avec l'intensité de
l'impression suggestive, parole ou geste. L'association des idées devient une véritable *ligne de force ;*
on peut la comparer au fil métallique qui transmet
la force d'un moteur magnéto-électrique.

Il est important d'insister un moment sur la conception que nous avons du phénomène de l'association des idées. A première vue, rien de plus simple
que ce phénomène ; il consiste dans l'éveil d'une
idée à la suite d'une autre : on prononce devant moi
tel mot ; ce mot est le nom d'un objet connu : je

---

[1] M. Pierre Janet raconte qu'un de ses amis réussit à faire des
suggestions sur une de ses somnambules, en lui parlant en son
nom. Cette expérience est le pendant du fameux mot : *magister
dixit*. C'est la même influence qui agit dans les deux cas.

pense à cet objet. Voilà le fait apparent et grossier,
celui qui a frappé les premiers observateurs. Aristote le décrit longuement. Mais sous ce premier
phénomène s'en cachent d'autres plus complexes.
Les Anglais ont les premiers fait — un peu timide-
ment — la remarque que l'association des idées
exerce une grande influence sur le jugement:
Stuart Mill dit que nous avons une tendance à
croire que les choses sont liées dans la réalité
comme leurs images le sont dans notre esprit. Il y
a donc dans ce phénomène quelque chose de plus
qu'une succession d'images: l'association produit
une croyance, la croyance dans la réalité de cette
association. A plusieurs reprises, j'ai déjà insisté
sur ce fait psychologique, qui me paraît capital. Je
crois être arrivé à démontrer, par des expériences
hypnotiques, que nous avons une tendance à exté-
rioriser une association d'images comme nous exté-
riorisons une image isolée.

Ici, nous considérons ce même phénomène de
l'association des idées à un autre point de vue que
celui de la croyance qu'il engendre; nous l'envisa-
geons comme un phénomène de transmission de la
force nerveuse. Nous venons de voir qu'il existe
une sorte de solidarité entre les deux termes de
l'association; l'intensité du terme suggestif influe
sur l'intensité du terme suggéré.

La comparaison que je fais pour expliquer ma
pensée est grossière; peut-être ma pensée l'est-elle
aussi. C'est que le mécanisme de ces phénomènes

est fort difficile à comprendre. On conçoit jusqu'à
un certain point l'effet de la répétition du mot sur
l'intensité de l'image suggérée. Si tel mot prononcé
donne une image d'une certaine intensité, la répétition du même mot doit élever cette intensité d'un
nombre quelconque de degrés : il y a ici un effet
d'accumulation analogue à l'influence d'une augmentation de l'excitation extérieure sur l'intensité
de la sensation. Mais on ne comprend pas aussi
bien comment l'autorité de la personne qui parle,
l'accent particulier qu'elle donne à sa voix, et d'autres qualités purement psychiques augmentent l'intensité de l'image.

Parmi ces qualités purement psychiques, il faut
signaler le *rapport* établi entre le magnétisé et le
magnétiseur. Dans certains cas, ce rapport est si
étroit que le sujet ne reçoit de suggestions que du
magnétiseur seul. Ce phénomène curieux d'électivi-
vité a certainement, à notre avis, un caractère
sexuel, prouvé, dans certains cas, par le manège
du sujet, par la façon dont il cherche son magnétiseur pour se presser contre lui. Tous les sujets,
bien entendu, ne se conduisent pas de même ; les
uns, dans le somnambulisme, ont le caractère réservé de leur état de veille ; d'autres sont plus pas-
sionnés. Mais chez tous ceux que j'ai observés j'ai
pu constater très nettement l'existence d'une attraction sexuelle pour le magnétiseur. D'ailleurs, ce
fait n'est pas nouveau ; il était déjà signalé en 1784
par les commissaires de l'Académie des sciences

dans leur rapport secret sur les dangers de l'hypnotisme relativement aux mœurs.

Le caractère sexuel du somnambulisme électif nous paraît devoir expliquer, dans une certaine mesure, la plupart des effets du somnambulisme. A notre avis, si le sujet fuit les autres personnes, redoute leur contact et n'écoute pas leurs suggestions, c'est par suite du caractère exclusif des affections sexuelles quand elles sont portés à leur maximum. Le magnétisé est comme un amant exalté pour qui rien d'autre n'existe au monde que la personne aimée. Nous avons souvent interrogé des malades en somnambulisme pendant que d'autres personnes leur adressaient la parole: elles entendaient fort bien ce que ces personnes leur disaient, mais elles ne voulaient pas leur répondre, par suite d'un sentiment de répugnance ou même de dégoût : c'est ce sentiment qui empêche souvent de réussir, les suggestions venant d'une autre personne que du magnétiseur.

Remarquons à l'appui que la sensibilité élective se développe surtout à la longue, par la répétition des expériences faites par une seule et même personne. Un nouveau venu qui endort un sujet n'arrive parfois qu'à se faire supporter à grand'peine: le sujet le boude et peut même lui résister avec toutes les marques du dégoût. — Enfin, quand plusieurs personnes ont l'habitude d'endormir un même sujet, ce sujet, quoique endormi par l'une d'elles seulement, garde une certaine sympathie pour les autres, et même il reçoit leurs suggestions quand elles sont présentes. Je me rappelle avoir endormi plus de vingt fois de suite G... Un jour, mon ami M. Féré l'endormit en ma présence; une fois en somnambulisme, avant d'obéir à une suggestion de son nouvel hypnotiseur, elle me jeta un regard à la fois interrogateur et éploré, qui m'a complètement édifié sur la nature du somnambulisme électif. Rien n'est plus instructif, à mon avis, que de considérer le somnambulisme électif comme une sorte d'amour expérimental[1], développé sous l'influence du contact animal.

On comprend dès lors pourquoi celui qui est en rapport avec le sujet peut seul, dans certains cas, lui donner des suggestions. C'est qu'il est l'*être aimé*. De sa bouche, on accepte tout.

Nous voyons donc ici par une nouvelle complication l'affection du sujet venant s'ajouter comme un élément important aux causes d'excitations des images. Il est donc impossible de considérer la suggestion comme une simple association d'idées. L'association d'idées est comme le dessin du phénomène; il n'en est pas la couleur. Il faut tenir compte et de l'autorité de celui qui parle, et de son ton de commandement, et de l'affection qu'il inspire au sujet. Ces différentes influences ne sont-elles pas, d'ailleurs, celles qui agissent sur nous à l'état normal? Nous croyons

---

[1] On a même des exemples de femmes qui se sont éprises, à l'état de veille, de leur magnétiseur.

régler notre conduite sur la justesse d'une idée ; nous ne nous doutons pas que ce qui fait la force de cette idée. ce sont ces influences inconscientes qui l'entourent. et que notre vie. qui paraît réglée par notre logique. dépend en réalité de ces petites impressions que nous ressentons sans nous en rendre compte.

Une autre condition augmente chez les hypnotiques l'intensité des images qu'on leur suggère ; c'est leur état d'hyperexcitabilité psychique. Cet état existe aussi pendant la veille d'une certaine catégorie de sujets. mais il est souvent amoindri. C'est ce qui explique pourquoi la suggestion à l'état de veille ne réussit pas indistinctement chez tous les sujets hypnotisables. Il faut. de plus. y ajouter certains procédés de renforcement pour réussir. Pendant l'hypnotisme. un mot prononcé d'une voix sans accent peut être suffisant. Pendant la veille. il faut y ajouter un accent d'autorité. répéter ces paroles et bien fixer l'*attention* du sujet en faisant précéder la suggestion d'un avertissement quelconque, d'un signal, comme lorsqu'on dit : « Prenez garde à ce que je vais vous apprendre, » ou simplement : « Tenez! » L'interjection a aussi pour but d'augmenter l'intensité de l'idée suggérée afin de la rendre plus efficace.

Dans l'état de suggestion post-hypnotique (nous appelons ainsi la condition du sujet réveillé du sommeil hypnotique et conservant la suggestion qu'on lui a donnée), dans cet état, la suggestibilité ne

nous a pas paru augmentée chez nos sujets. Alors
même que nos affirmations étaient dans le cercle
d'idées de la suggestion persistante, elles n'avaient
aucun succès[1].

Dans les pages précédentes, quoiqu'il ait été
question de l'association des idées en général, nous
n'entendions parler que de l'association dite de
contiguïté; l'association du mot à la chose signi-
fiée en est le meilleur exemple. Nous voulons parler maintenant de l'association par ressemblance,
qui opère, par exemple, lorsque le portrait d'une
personne rappelle le modèle. Bien que toute association d'idées soit formée à la fois par ressemblance et par contiguïté, comme je l'ai montré ailleurs, après les auteurs anglais[2], il n'en est pas
moins certain que, comme le moment important du
processus peut être soit une ressemblance, soit une
relation de contiguïté, il est légitime de distinguer
deux espèces d'associations.

L'hypnotisme, d'ailleurs, nous permet de faire
une analyse entre ces deux espèces d'associations.
Il est une période hypnotique, pour la première

---

[1] Nous n'avons pas pu, pendant l'état de suggestion post-hypnotique, développer des contractures somnambuliques chez nos
sujets, ce qui prouve au moins que chez eux l'aptitude aux contractures pendant cet état est *moindre* que pendant le somnambulisme.
Ce qui nous a paru le plus caractéristique dans cette période, c'est,
chez un de nos sujets, l'*inconscience* qui accompagne certaines
suggestions. Pendant qu'il accomplit un acte suggéré, il n'entend
pas nos demandes, et quelques secondes après l'avoir accompli, il
ne se souvient de rien.

[2] *Psychologie du raisonnement*, p. 130.

fois décrite par Berger (de Breslau), et encore peu
connue, dans laquelle la suggestion par ressemblance opère, tandis que la suggestion par contiguïté est à peu près complètement suspendue.
Cette période est celle de l'écholalie. Si l'on presse
fortement, avec la main, le vertex d'un sujet en
somnambulisme, on change son état; le sujet ne
répond plus aux questions, il les répète comme un
phonographe; il réfléchit comme un miroir tous les
gestes, tous les mouvements que l'on fait devant
lui: en un mot, il est devenu un automate imita-
teur. Ceci revient à dire, en termes psychologiques,
que toute impression provoquée produit chez le sujet une image *semblable*, laquelle se dépense aussitôt en mouvement. Si je présente au sujet mon
poing fermé, cette impression provoque chez lui
l'image de son poing fermé, et conséquemment, il
ferme le poing. L'association par ressemblance est
la seule qui opère. Quant à l'association par conti-
nuïté, il n'y en a pas de trace appréciable. Pendant
que l'écholalique a le poing fermé, soit par l'effet
de l'imitation, soit par suite d'une position communiquée, qu'on examine son visage : on voit qu'il
reste impassible; c'est, du moins, ce que nous
observons chez certains sujets, par exemple chez
W...; l'association habituelle entre l'expression de
la physionomie et l'attitude du corps ne se fait pas.
De même, si on lui dit impérieusement : « Levez-
vous! », il reste assis dans son fauteuil en se conten-
tant de répéter ces deux mots; l'association par

contiguïté entre le mot et l'idée de l'acte est inter-
rompue.

Par un contraste curieux et bien intéressant pour
un psychologue, il existe une autre période hypnotique, chez quelques sujets, où ce sont seulement
certaines associations par contiguïté qui survivent,
les associations par ressemblance étant à leur tour
suspendues. Chez W.... pendant la catalepsie, par
exemple, l'attitude des membres se réfléchit sur l'expression du visage, et une expression imprimée artificiellement au visage au moyen des électrodes se
réfléchit sur l'attitude du corps. Ici, c'est l'association par contiguïté qui opère : si on ferme le poing
de la cataleptique, aussitôt son sourcil se fronce. Or,
si au lieu de fermer le poing du sujet, l'opérateur lui
montre son propre poing, comme il le faisait pendant
la période écholalique, aucune suggestion ne se produit ; le sujet reste complètement impassible, l'association par ressemblance est brisée : la vue du poing
de l'opérateur ne rappelle pas à la malade, par ressemblance, l'image de son poing à elle : rien ne se
fait. Chez d'autres sujets, ces deux espèces de suggestions opèrent également. Mais nous avons cru
qu'il était intéressant de constater que chez quelques malades il y a une période exclusive de suggestion par ressemblance et une période exclusive
de suggestion par contiguïté.

Il y aurait lieu de rechercher, lorsqu'on considère l'association des idées comme une ligne de
force, quelle est l'association la plus forte, celle

par ressemblance ou celle par contiguïté. Heidenhain, qui a traité de l'association par ressemblance sous le nom d'automatisme d'imitation, le considère comme un automatisme du premier degré, plus simple que les cas d'association de mouvement par contiguïté, auxquels il réserve le nom d'automatisme du second degré. Il semble bien, en effet, que lorsqu'une idée éveille une idée semblable, la suggestion est plus directe que lorsqu'elle éveille une idée contiguë. Dans le dernier cas, remarque M. William James, l'association se fait entre des touts différents, et, dans le premier cas, elle se fait entre des fragments d'un même tout. L'association par contiguïté, pouvons-nous remarquer encore, suppose la mémoire d'une expérience antérieure; l'association par ressemblance se crée instantanément au moment où elle se produit. Une expérience déjà publiée de M. Féré et de moi semble prouver que la ressemblance l'emporte sur la contiguïté comme cause d'excitation de l'image mentale : on obtient d'un sujet une contraction dynamométrique beaucoup plus intense en lui disant d'imiter l'acte de serrer que l'on fait devant lui que si on lui donne simplement l'ordre de serrer de toutes ses forces.

Quoique ces faits puissent paraître convaincants, la question posée est très difficile à résoudre; car la force de la suggestion par ressemblance dépend de la quantité de ressemblance, de même que la force de la suggestion par contiguïté dépend du nombre des répétitions : or, on ne voit pas quelle commune mesure on pourrait prendre entre deux éléments aussi hétérogènes. Ce qu'il y aurait de mieux à faire serait de comparer l'influence d'une ressemblance *maxima* à l'influence d'une relation de contiguïté qui s'est répétée si souvent qu'elle ne peut plus rien gagner à des répétitions nouvelles, et qu'elle a aussi atteint son maximum. Ces deux conditions semblent *à peu près* réalisées dans l'exemple de la suggestion d'un effort musculaire, car, d'une part, la ressemblance porte sur l'acte de fermer le poing, c'est-à-dire sur le même acte, elle est donc aussi grande que possible, et, d'autre part, la relation entre le mot : « Fermez le poing de toutes vos forces », et le sens de ce mot, est si bien cimentée par l'éducation qu'aucune répétition ne pourrait rien y ajouter. Néanmoins, c'est avec toutes sortes de réserves que nous disons que l'association par ressemblance est probablement plus forte que l'association par contiguïté.

2. — Il est un autre moyen que l'affirmation verbale pour augmenter l'intensité des images. Les recherches de M. Féré ont montré que chez les hystériques et plus généralement chez les hyper-excitables, toute impression périphérique a pour effet de produire une dynamogénie générale temporaire ; l'effet de cette dynamogénie est surtout bien marqué sur le pouvoir moteur, qui a l'avantage de se prêter à la mesure. Si on prie un sujet hyperexcitable de serrer un dynamomètre pendant

qu'on lui fait regarder un disque rouge, le sujet donne un chiffre très supérieur à son chiffre normal; la vision du rouge augmente temporairement l'intensité de sa contraction musculaire.

J'ai voulu rechercher si cette même exaltation se manifestait dans les images mentales. Après avoir récité des vers à des sujets en somnambulisme, je les réveillai et leur demandai s'ils en avaient gardé quelque souvenir: ils étaient alors incapables d'en dire un mot. Je les priai ensuite de regarder attentivement un disque rouge, et, au bout d'une minute ou deux, ils se rappelaient en hésitant quelques fragments des vers que je leur avais récités. Leur mémoire était donc augmentée par les excitations périphériques. Le même fait s'est présenté à moi sous une autre forme. Après avoir constaté sur trois sujets, les nommés W...., Gr... et Cl..., que la vue de la clef à laquelle j'avais attaché une suggestion de sommeil était devenue inefficace, je leur fis regarder un disque rouge, puis, sans les endormir, je leur fis reporter les yeux sur la clef: aussitôt, ils tombèrent en somnambulisme. La somniation fut si brusque qu'il était impossible de l'attribuer à une fixation prolongée de la clef. Donc, l'excitation périphérique avait rendu à l'idée suggérée de sommeil son intensité primitive, et la suggestion avait opéré. Ce disque rouge devenait, par la même occasion, un moyen précieux de donner à ces sujets des suggestions à l'état de veille.

En effet, chez les trois sujets sur lesquels nous

avons opéré. nous n'avons rien obtenu au moyen
de la suggestion à l'état de veille. soit par défaut
d'autorité. soit pour toute autre cause: mais l'ad-
jonction du disque rouge nous a permis de réaliser
toutes espèces de suggestions. W... ou Gr... étant
éveillée. nous lui disons de penser à aller chercher
une chaise au fond du laboratoire. Le sujet y pense,
mais reste dans son fauteuil. Nous lui disons de
résister à cette idée. et, de fait. il n'exécute aucun
mouvement. Alors. sachant que la suggestion
d'actes. si c'en est une, ne s'exécutera pas. nous
montrons au malade le disque rouge. Au bout de
quelques secondes de contemplation. nous voyons
le sujet qui se lève: il paraît hésitant. puis se ras-
sied: sur notre invitation. il regarde de nouveau
le disque. puis se lève brusquement, part comme
un trait. et revient avec la chaise. Une foule
d'autres ordres auxquels le sujet n'aurait certainement pas obéi de son plein gré. comme de proférer
un juron. ont été exécutés ponctuellement dans
les mêmes conditions. pendant l'état de veille. Le
sujet protestait de toutes ses forces: une fois même.
nous avons attendu un quart d'heure sans rien
obtenir de notre suggestion: ensuite la vue prolongée du disque rouge détermina l'explosion de
la suggestion donnée.

L'effet était si net. si saisissant. que quelques-
unes de nos malades finirent par s'apercevoir de
l'excitation qui leur était donnée par la vue du
disque; aussi. quand elles ne voulaient pas accom-

plir l'acte que nous nous bornions à leur indiquer, avaient-elles soin de refuser énergiquement de regarder le disque. Un effet en sens contraire se produisit un jour. Une de nos malades désirait nous quitter au milieu de nos expériences : elle nous en avait fait franchement l'aveu pendant le somnambulisme : mais revenue à l'état de veille, quoiqu'elle eût le même désir, elle n'osait pas nous l'exprimer ouvertement ; la timidité la retenait. Cependant elle prend le disque rouge pendant que nous regardons d'un autre côté ; et tout en répétant à demi-voix : « Comme il est tard ! » elle se met à regarder fixement le disque. Puis, au bout de quelques secondes, elle se lève et nous dit d'un ton décidé que nous ne lui connaissions pas : « Il est tard. Je m'en vais. Bonsoir ! »

Il y avait lieu de se demander si ces résultats n'étaient pas le simple effet d'une suggestion donnée dans des conditions particulières ; le malade pouvait s'imaginer que le disque rouge possédait une propriété mystérieuse qui faisait réussir la suggestion. Je dois donc ajouter qu'en employant un disque noir pour dynamogénier l'idée indiquée au sujet pendant l'état de veille, je n'ai rien obtenu : c'est donc bien le rayon rouge qui est la cause de la dynamogénie ; de plus, les rayons jaunes, verts, bleus, produisent des effets analogues, mais beaucoup moins marqués. Au reste, je dois ajouter que chez les trois sujets sur lesquels j'ai opéré, la suggestion à l'état de veille ne m'a rien donné, de

quelque appareil que j'eusse soin de l'entourer. Ce
n'est là bien entendu qu'une vérité toute *relative* ;
un autre opérateur. avec plus d'autorité ou de persistance. pourrait réussir là où j'ai échoué.

La dynamogénie produite par l'excitation périphérique est un peu différente de la dynamogénie produite par la suggestion. Dans le premier
cas. il s'agit d'une force diffuse dans tout l'organisme ; lorsqu'on soumet une hyperexcitable à l'action des rayons rouges, il se produit comme M. Féré
l'a bien montré, une excitation dans tous les organes. La suggestion. au contraire. développe un
courant qui a une direction unique. En un mot,
l'excitation périphérique correspond à une excitation diffuse, et la suggestion à une excitation localisée.

Beaucoup de personnes recherchent. sans en
avoir conscience, les excitations périphériques pour
augmenter l'intensité des images mentales. Le goût
des névropathes pour les couleurs vives et pour
toutes les sensations nouvelles tient en grande
partie à cette cause. M. Féré ayant très bien étudié
ce sujet, nous n'insistons pas. Nous soulignerons
seulement un fait qui ne manque pas d'intérêt. On
a remarqué que ceux qui se livrent à des attentats
aux mœurs de diverse nature ont souvent le soin
de choisir pour cadre à leurs attentats certains
lieux où ils risquent d'être arrêtés, mais où ils
savent que la disposition des objets. ou tout simplement la crainte d'être pris en flagrant délit

auront pour effet de donner un coup de fouet a
leur imagination; on sait. du reste. que pour un
certain ordre de crimes. l'imagination a autant et
plus de place que les sens. On comprend ainsi comment il peut arriver que l'auteur de l'attentat ne
cherchera pas le silence et l'isolement pour com-
mettre son crime: dans le silence et dans l'isolement. son imagination serait paresseuse. et. par
conséquent. son crime manquerait de saveur: il
préférera faire comme cet instituteur. dont l'histoire nous revient à l'esprit. et qui commettait son
attentat pendant la classe, derrière son bureau. Ces
monstruosités s'expliquent. à notre avis. par des
raisons psychologiques : ces sujets comprennent
d'une façon plus ou moins consciente l'influence
que les excitations périphériques exercent sur les
images mentales.

3. — Nous venons de voir deux causes de dynamogénie de l'image : la suggestion. c'est-à-dire
l'association des idées. c'est-à-dire une excitation
localisée. et l'excitation périphérique, c'est-à-dire
une excitation diffuse. En voici une troisième. qui
ne paraît pas rentrer dans les catégories précédentes.

On sait que la réflexion est accompagnée d'une
expression spéciale de la physionomie. qui a pour
principal caractère le rapprochement des sourcils
vers la ligne médiane.

Nous n'entrerons pas dans l'analyse de ce mouvement, dans lequel concourent plusieurs muscles,

15.

le sourcilier et le palpébral supérieur. On peut par
suggestion fixer chez un sujet en somnambulisme
ce rapprochement des sourcils : si la suggestion a
été donnée d'une façon convenable, elle survit
pendant l'état de veille. Voici alors ce qu'on observe.
Le sujet paraît éveillé : quelquefois, comme chez
W.... il se sent en colère. Si on le prie de serrer
au dynamomètre, il donne un chiffre qui est plus
élevé que son chiffre normal ; quelquefois l'augmentation de puissance motrice est considérable. Si
on mesure son temps physiologique de réaction,
comme nous l'avons fait au moyen des procédés
aussi simples qu'élégants de Jastrow, on trouve
une diminution : le temps s'est raccourci. Tous ces
effets peuvent être mis en rapport avec l'attention
intense qu'on a suggérée à l'hypnotique : et pour
le dire en passant, on trouve dans cette expérience
un moyen des plus commodes pour l'étude physiologique de l'attention. Les images mentales parti-
cipent à cette dynamogénie générale. Une simple
idée indiquée sans insistance à l'état de veille
devient, dans ces conditions, une suggestion rapidement exécutée. On peut aussi constater que la
mémoire s'étend.

CHAPITRE II

I

Causes d'affaiblissement des images. — L'oubli. — La négation.
— Résistance du sujet à la suggestion. — Refus de croire. —
Procédé indirect pour diminuer la résistance. — Expérience sur
une petite fille. — L'auto-suggestion peut réussir là où une suggestion simple a échoué.

II

Suggestions à forme négative.

III

Suggestions négatives données pendant l'état de veille et fortifiées
par une excitation périphérique. — Comment se produit une
paralysie par suggestion.

IV

Affaiblissement des images par une paralysie suggérée des muscles
du sourcil.

V

Paralysies indirectes produites par associations d'idées, ou par
associations morbides de symptômes. — Expériences.

4. — Nous allons maintenant étudier l'effacement
des images. A l'état normal, les images s'effacent

naturellement, quand elles n'apparaissent pas de temps en temps à la conscience : c'est l'oubli, qui est la mort de l'image. En outre de cette désagrégation, il y a une autre cause d'affaiblissement pour l'image, c'est la contradiction. Quand une image est reconnue fausse, elle disparaît de l'esprit. Citons, par exemple, l'expérience d'Aristote : en roulant une boule entre mon index et mon médius croisés l'un sur l'autre, j'ai l'impression de deux boules. Mais si je fixe les yeux sur mes deux doigts croisés pour corriger cette illusion, je vois qu'il n'y a qu'une boule, et je ne puis au même moment, quelque effort d'imagination que je fasse, m'en représenter deux. L'image fausse a été repoussée du champ de l'esprit, et repoussée de telle sorte qu'elle n'y reparaît plus. Pour la commodité de l'analyse, nous nous en tenons à ce premier fait, en négligeant tous les détails des rectifications moins complètes. Comment faut-il interpréter cette rectification ?

Nous venons de voir que l'image fausse est *expulsée*. Cette expression vague a besoin d'être précisée. Lorsqu'on dit qu'une image sort du champ de l'esprit, on fait une sorte de comparaison grossière entre le champ de la conscience et le champ éclairé d'un microscope ou d'une lanterne magique. Mais il est clair que cette comparaison est purement littéraire, comme tant d'autres dont on abuse en psychologie; on compare la délibération à une balance, la passion à un torrent, la conscience à un œil intérieur, etc. Le danger de ces comparaisons est de laisser croire qu'elles renferment une explication. Dans notre cas spécial, il est certain que l'image ne ressemble pas à une préparation que l'on place dans le champ éclairé du microscope et qu'on retire ensuite. Si une image mentale cesse d'être visible, ce n'est pas à proprement parler qu'elle *sorte* de la conscience, c'est qu'elle devient inconsciente : elle change de nature sur place. Toute image résulte de l'excitation d'une cellule ou d'un complexus de cellules nerveuses : quand l'image disparaît de l'esprit, il faut supposer qu'il se produit un changement dans l'état dynamique des cellules correspondantes : elles cessent de vibrer ou elles vibrent autrement.

L'observation hypnotique montre le développement de ce phénomène. Lorsqu'on donne une suggestion d'hallucination à une hypnotique, il arrive fréquemment que le sujet résiste. Je dis un jour à un sujet endormi : « Regardez le chien qui est assis sur le tapis. » Le sujet me répond : « Je vois bien que vous voulez m'halluciner : comment un chien serait-il entré dans le laboratoire ? — Vous ne le voyez donc pas, ce chien ? — Oui, je le vois dans mon imagination, mais je sais bien qu'il n'y en a pas sur le tapis. » Ainsi, la résistance du sujet affaiblit l'image qu'on lui suggère : s'il ne résistait pas, il aurait une hallucination parfaite dans laquelle il croirait voir un chien en chair et en os ; mais par le seul fait qu'il lutte contre l'image hallucinatoire. cette image ne s'extériorise pas ; elle ne dépasse pas en intensité une image ordinaire. et le sujet n'en est pas la dupe.

On peut donc affirmer que le simple fait de ne pas croire à une chose quelconque affaiblit la représentation qu'on en a. C'est ce qu'un autre malade remarquait un jour. Comme il discutait pendant le somnambulisme une de mes suggestions au lieu d'y consentir. je lui imposai silence : il me répondit aussitôt : « Je sais bien pourquoi vous ne voulez pas que je discute ; c'est que cela affaiblit la suggestion. »

On a remarqué que certaines hallucinations données aux sujets subsistent plus longtemps que d'autres ; cela tient à plusieurs causes. à la fixité de point de repère, a l'état mental du sujet. etc. Mais on a oublié une influence qui affaiblit beaucoup les suggestions ; l'hypnotique halluciné parle de son hallucination à ses amis : il leur demande s'ils voient les choses comme lui ; si on se moque de lui, il est averti que ce qu'il voit est une hallucination, et dès lors cette hallucination s'affaiblit. Quand l'opérateur a le soin de mettre pour ainsi dire l'hallucination sous clef. par exemple en gardant le carton sur lequel il a fait apparaître un portrait imaginaire, on peut être certain que l'hallucination vivra plus longtemps. car elle ne sera pas contestée.

Il existe pour l'expérimentateur divers moyens de se faire obéir du sujet sans provoquer sa résistance. J'ai remarqué que chez quelques malades on arrive plus facilement à faire réussir une suggestion quand on ne la donne pas sous une forme impérative : en évitant le « Je veux! », on évite de susciter une opposition du sujet, qui, par un reste d'amour-propre, refuse de se soumettre à la volonté d'un autre. Ainsi, au lieu de dire au somnambule : « Je veux que vous quittiez votre chaise et que vous fassiez le tour de la salle : obéissez, je le veux », on peut procéder autrement et dire : « Tenez, vous vous levez de votre chaise : vous voilà debout : et maintenant, regardez, vous faites le tour de la salle, etc. » Cette suggestion indirecte ne heurte pas de front la volonté du sujet, et elle est exécutée avec moins de résistance que la précédente.

J'ai retrouvé le même fait, dans ces derniers temps, sur une petite fille de deux ans. Cette enfant est fort peu soumise : elle obéit rarement aux ordres de sa mère, bien qu'elle les comprenne parfaitement bien ; lui dit-on de s'approcher pour dire bonjour, elle reste immobile dans son coin, en répondant énergiquement : « Non, nou, a pas, a pas. » (Ce qui signifie : Je ne veux pas. Prières, menaces, rien n'y fait. Mais j'ai constaté à plusieurs reprises qu'il existe un moyen très simple de la faire obéir, c'est de lui affirmer qu'elle est en train d'exécuter ce qu'on lui commande : on lui dit, par exemple, et sans recourir le moins du monde à un ton autoritaire : « La petite fille s'approche : elle met un pied devant l'autre : elle avance : elle vient voir la dame : elle lui fait un beau salut, elle lui envoie un baiser. etc. » Très souvent. je puis même dire le plus souvent. cette petite expérience réussit. Je l'ai répétée une dizaine de fois. Il eut été intéressant de l'étendre et la varier. mais j'ai cru prudent de m'abstenir. Sous sa forme bénigne. cette expérience n'est pas autre chose qu'une suggestion, et je suis de ceux qui pensent qu'il ne faut point faire des expériences de suggestion sur les petits enfants.

L'affaiblissement de l'image par la résistance du sujet explique aussi dans une certaine mesure comment l'auto-suggestion réussit là où la suggestion simple vient d'échouer. Lorsqu'on adresse une suggestion à un sujet, il peut y résister pour plusieurs motifs. par exemple par esprit de contradiction ou parce qu'il est convaincu d'avance de l'impuissance de la suggestion. Si c'est lui, au contraire. qui arrive par raisonnement à se suggérer la même idée. il l'adoptera sans résistance. et elle sera plus intense. et partant plus efficace. J'ai eu la preuve de ce fait dans une observation que je citerai tout au long, car elle est intéressante à un autre point de vue. Je me proposais de rechercher si une suggestion somnambulique pouvait modifier l'état de catalepsie ; dans cet état, les suggestions par le sens musculaire sont extrêmement remarquables ; une attitude expressive donnée aux membres se réfléchit aussitôt sur la physionomie. Il y avait lieu de se demander si. par suggestion donnée à la malade pendant le somnambulisme, on pouvait supprimer la suggestion musculaire de la catalepsie. G... étant en somnambulisme, je l'avertis donc que je vais la mettre en catalepsie, et que dans cet état sa figure restera impassible, quels que soient les mouvements communiqués à ses mains. La malade, au lieu de se soumettre à l'injonction, soutient qu'elle ne pourra pas y obéir parce qu'elle perd conscience pendant la catalepsie : après avoir lutté contre cette résistance morale et l'avoir en apparence vaincue, nous passons outre : la catalepsie étant produite, nous essayons de donner des suggestions musculaires, et elles réussissent admirablement, comme si aucune suggestion contraire n'avait été donnée. L'échec était complet.

Nous plongeons de nouveau la malade en somnambulisme. G.... qui est très éveillée pendant son sommeil qu'on nous permette l'accouplement de ces deux mots, nous demande spontanément si notre suggestion a réussi. Nous répondons qu'elle a eu un plein succès, et que, pendant sa catalepsie, sa physionomie est restée complètement inerte, malgré les attitudes expressives données à ses mains. C'était absolument inexact. La malade paraît très étonnée de notre affirmation, mais elle n'en doute pas. Alors nous avons l'idée de la remettre sur-le-champ en catalepsie et de refaire l'expérience. A notre grand étonnement, voici ce qu'il nous fut donné de constater : la face de la malade était inerte et inexpressive ; nous approchons ses mains du coin de sa bouche, dans l'acte d'envoyer un baiser : la ligne de sa bouche reste immobile ; nous fermons les poings : le sourcil ne se fronce pas. le front reste calme et uni. La suggestion par le sens musculaire était totalement effacée.

Nous avons alors laissé la main dans la position du baiser lancé. pendant environ cinq minutes. Au bout de ce temps. la suggestion se réveilla peu à peu. et en imprimant à la main un mouvement de va-et-vient, nous parvînmes à faire sourire la bouche.

Cette expérience. que nous avons donnée *in extenso*. contient plusieurs enseignements : mais elle nous intéresse ici particulièrement en nous montrant que si notre première tentative de suggestion avait échoué. c'était parce que la malade était persuadée d'avance qu'elle ne réussirait pas. Tel est donc l'effet du scepticisme.

5. — Au lieu de laisser au sujet l'initiative de ce scepticisme. on peut le lui suggérer. On ne fait pas autre chose en réalité quand on a recours aux suggestions à forme négative. Lorsqu'on dit à l'hypnotique : « Vous ne voyez pas M. X.... qui est présent ». on lui donne une *conviction* qui a pour résultat d'affaiblir et même de paralyser la perception qu'elle a de cette personne. Lorsqu'on lui dit : « Vous ne pouvez pas remuer votre bras ! » on lui donne une *conviction* qui a pour résultat d'affaiblir et même de paralyser l'influx moteur qui met le bras en mouvement. La suggestion de paralysie sensorielle ou motrice nous paraît rentrer

dans la catégorie des causes d'affaiblissement des images. Nous n'insistons pas sur ces faits bien connus.

6. — On peut reproduire tous ces phénomènes paralytiques pendant la veille au moyen d'une simple idée fortifiée par une excitation périphérique: on dit négligemment au sujet que sa main est paralysée : il se met à rire : on l'invite à mettre la main sur le disque rouge et à la regarder : au bout d'une minute, la main est complètement flasque : elle a perdu le sens musculaire, les réflexes du poignet sont exagérés, enfin la paralysie est complète. Chez certains sujets, l'impotence fonctionnelle se supprime spontanément au bout de quelques minutes. Chez d'autres, elle dure, et il faut intervenir pour y mettre un terme.

Comment doit-on interpréter cette expérience ? On a le choix entre deux hypothèses. D'après la première, la suggestion opère en inculquant au sujet l'*image de la paralysie*, et l'excitation périphérique, dynamogéniant cette image, en rend l'effet plus prompt et plus énergique. Mais il faut avouer qu'on a quelque peine à comprendre comment l'image d'une paralysie peut se réaliser en quelque sorte dans une paralysie matérielle. Il y a là une supposition qui ne paraît guère s'accorder avec les phénomènes connus de la psychologie. Il nous paraîtrait donc plus simple d'accepter la seconde hypothèse, d'après laquelle la suggestion de paralysie atteint son but en affaiblissant et même en suppri-

mant tout à fait la représentation du mouvement.
L'image motrice étant supprimée, le courant
moteur est comme tari dans sa source, ce qui
entraine consécutivement la paralysie du centre
moteur et tous les symptômes cliniques qui en sont
la conséquence.

Pour vérifier cette hypothèse, il est logique de
rechercher comment se comporterait la paralysie
d'un mouvement qui ne serait pas précédé par une
image motrice, c'est-à-dire par une représentation
de mouvement. Nous choisissons pour l'expérience
un réflexe. A l'état de veille, si on frappe sur la
face antérieure du poignet d'un de nos sujets, le
bras étant étendu sans appui, la main ouverte
éprouve un soubresaut et tend à se fermer. Dans
ce cas, le mouvement suit directement l'excitation,
il n'est pas précédé d'une représentation mentale.
Par suggestion somnambulique, nous supprimons
ce réflexe, tout en laissant subsister la perception
du choc sur le tendon. Au réveil, le réflexe ne peut
plus être provoqué : la main n'est le siège d'aucune contracture, les muscles antagonistes (dans
le cas présent les extenseurs) ne paraissent pas se
contracter pour empêcher le mouvement de se produire. Comment donc le mouvement réflexe est-il
suspendu ?

On peut même pousser l'expérience plus loin et
paralyser par suggestion le muscle au point qu'il
ne répond plus à un de ses excitants les plus éner-
giques, l'électricité. Ici encore, comment se fait

l'action d'arrêt? Nous posons le problème sans le résoudre.

Il n'est pas plus difficile d'obtenir par ce procédé une anesthésie qu'une paralysie : citons un exemple d'anesthésie systématique: je pose un petit objet, un crayon, sur le disque rouge, en disant à la malade de penser qu'elle ne le voit pas. W... répond en riant que c'est impossible, puisque l'objet est devant elle, bien visible. Mais, sur notre demande, elle regarde un moment le crayon posé sur le disque, en s'imaginant qu'elle ne le voit pas, et bientôt l'anesthésie apparaît. Très surprise, la malade cherche en tâtonnant le crayon et ne parvient pas à le saisir, bien qu'il soit devant ses yeux.

7. — Nous avons vu plus haut qu'une contracture du sourcil détermine une sorte de dynamogénie générale. Si on impose au sujet par suggestion une paralysie de ce même mouvement, on obtient un effet inverse. Le sujet, au réveil, éprouve un sentiment d'étonnement, sans pouvoir en indiquer la cause; il manque d'assurance, il se trouve changé; quelquefois, il dit franchement qu'il se sent bête; sa force dynamométrique a baissé; son temps de réaction physiologique s'est allongé. Que deviennent ses images mentales? Elles suivent l'affaissement général. Ce qui nous a paru le plus caractéristique, c'est que la mémoire diminue.

8. — La loi de l'association des idées, considérée dans ce qu'elle a de plus général, con-

siste dans l'excitation d'un élément nerveux par
un autre élément déjà excité. On ne s'est pas
demandé encore si le contraire pourrait se présenter: par exemple. un élément nerveux paralysé
peut-il transférer sa paralysie à un autre élément?
Quelles expériences connues sembleraient démontrer l'existence de cette transmission de la paralysie.
M. Féré a observé le fait suivant : une malade
étant endormie. il lui impose l'idée que son bras
droit est paralysé: au réveil. il constate que le
sujet non seulement présente une monoplégie brachiale droite. mais est devenu incapable de parler:
la paralysie du centre moteur du bras a envahi le
centre moteur du langage articulé. Dans une autre
expérience. ancienne mais inédite. de M. Féré et
de moi. une somnambule qui reçoit une suggestion
d'hémianopsie droite se réveille avec ce symptôme,
compliqué d'aphasie complète: encore une transmission de paralysie. Ce qui a frappé dans ces expériences. c'est que la suggestion d'un symptôme
isolé a produit le même complexus de symptôme
que l'on observe dans les cas pathologiques. c'est-
à-dire une association de la monoplégie droite, ou
de l'hémianopsie avec l'aphasie. Mais si l'on considère ces phénomènes au point de vue du mécanisme. on voit qu'ils consistent dans une paralysie
qui se transmet d'un élément nerveux à un autre [1].

---

[1] La question serait de savoir comment se fait cette transmission. si c'est par des modifications dans la circulation du sang,
ou par un phénomène purement nerveux.

Serait-il possible de produire un résultat semblable dans le domaine des faits psychiques? Peut-il arriver que lorsqu'on paralyse telle l'idée A par exemple, une seconde idée B se trouve paralysée consécutivement? Si ce phénomène était possible, on pourrait y voir le pendant de la loi de l'association des idées, par suite de laquelle l'idée A, par exemple, étant excitée, une seconde idée B, se trouve excitée consécutivement et par le fait de la première. A la loi de l'excitation d'une idée par une autre, vulgairement appelée loi d'association mentale, on pourrait ajouter la loi de paralysie d'une idée par une autre.

Il est facile d'imaginer des expériences hypnotiques permettant de vérifier ce point. Mais il est plus intéressant de commencer par rechercher si, dans des expériences déjà anciennes faites dans un but tout à fait différent, le phénomène que nous recherchons ne s'était pas révélé à l'insu de l'observateur. A ce titre, nous rappellerons les effets des suggestions d'anesthésie systématique. Une malade étant endormie, on lui affirme qu'elle ne voit pas M. X.... présent à l'expérience: si la suggestion est bien donnée, elle peut réussir alors même que M. X... est une personne connue de la malade depuis plusieurs années. Au réveil, la malade ne voit pas la personne désignée: tantôt elle ne la voit pas du tout: tantôt elle la voit sans la reconnaître. Si alors on lui demande des nouvelles de M. X..., le plus souvent elle reconnaît ce nom et peut se rappeler distinctement la personne. La paralysie n'est pas compliquée d'amnésie. Mais si la suggestion persiste pendant plusieurs jours et qu'on ne fasse rien pour la supprimer, elle s'aggrave : le souvenir de la personne invisible s'efface peu à peu, et la malade non seulement ne perçoit plus M. X.... mais elle ne se souvient plus de son existence. Dans ce cas, la paralysie produite par suggestion fait tache d'huile. Le souvenir que nous avons d'une personne connue depuis des années est formé par un groupe très considérable d'images associées les unes aux autres : le centre de ce groupe, son noyau, est constitué par le souvenir de la personne physique : et tout autour se groupent des images moins solides, représentant les diverses circonstances dans lesquelles nous avons vu cette personne. les conversations que nous avons eues avec elle, etc.. etc. Nous voyons ici l'expérience hypnotique confirmer la solidarité de ces diverses images. La suggestion détruit pour un temps le noyau central du groupe, la perception de la personne physique ; la paralysie de ce premier élément se propage, en suivant les lignes des associations des idées. aux autres images qui composent le souvenir total. de façon à abolir complètement tous les événements qui se rattachent à la personne supprimée.

Une expérience directe met ce phénomène plus en relief. Nous suggérons à une somnambule. G.... par exemple, qu'à son réveil, elle ne nous entendra pas quand nous prononcerons les mots *parapluie* et *livre*: elle y consent. A son réveil, la suggestion persiste: l'audition de ces deux mots est paralysée. Or, voici quel est l'effet de cette surdité verbale restreinte à deux mots. Si nous lui présentons un parapluie, elle croit que c'est une canne; si nous l'ouvrons, elle s'imagine que nous avons mis une toile au bout de notre canne: l'objet lui paraît affreux. De même, si nous lui mettons un livre sur les genoux, elle croit que c'est un paquet de chiffons (il s'agissait d'un livre broché et privé de sa couverture). Ainsi, la paralysie du mot a entraîné la paralysie de l'image associée à ce mot.

Il est possible d'expliquer tous ces faits de deux façons: la première explication est celle que nous avons indiquée; la paralysie passe d'un élément nerveux à un élément associé. On peut aussi supposer que le résultat est atteint indirectement par l'effet d'un raisonnement inconscient. Le sujet, sachant qu'il ne voit plus M. X.... par exemple, conclut que M. X... n'existe pas; ou encore, sachant qu'il n'entend pas le mot livre, il en conclut qu'il ne doit pas voir l'objet correspondant. Dans ces derniers temps, des auteurs ont beaucoup insisté sur le rôle des raisonnements inconscients chez les somnambules.

LE PROBLÈME HYPNOTIQUE

I

Questions de méthode. — Les signes physiques de l'hypnose. — Controverse entre la Salpêtrière et Nancy. — Une question préjudicielle. — La suggestion dans ses rapports avec l'excitation périphérique. — Les périodes hypnotiques.

II

L'auto-suggestion. — Divers aspects de cette question. — La simulation. — Un appareil avertisseur.

III

Les expériences négatives, leur portée.

Je crois utile de dire quelques mots de la méthode à suivre dans les expériences hypnotiques. J'ai déjà eu l'occasion de traiter ce sujet ailleurs[1]; mais il est loin d'être épuisé. Je me contenterai d'examiner quatre points principaux :

1º La valeur des phénomènes somatiques obser-

[1] Binet et Féré. Le Magnétisme animal, ch. VIII, Étude générale de la suggestion.

vés par les expérimentateurs de la Salpêtrière, et niés par les expérimentateurs de Nancy ;

2° Les dangers de l'auto-suggestion ;

3° Les dangers de la simulation :

4° La portée des expériences négatives.

I. — La principale question qui divise la Salpêtrière et Nancy est celle des phénomènes physiques de l'hypnose, tels que les contractures léthargiques, les attitudes cataleptiques, les contractures du somnambulisme, les états dimidiés d'hémi-léthargie, d'hémi-catalepsie et d'hémi-somnambulisme. Les expérimentateurs de Nancy ne retrouvent pas chez leurs sujets ces phénomènes qui ont été décrits avec tant de soin par M. Charcot et son élève M. Richer. D'où vient une différence aussi capitale ?

Tout d'abord il n'est pas sans intérêt de remarquer l'importance du rôle historique qui a été rempli par ces faits d'ordre somatique quelques observateurs contemporains mettent en doute. C'est M. Charcot qui a réhabilité l'hypnotisme ; or, dans le mémoire célèbre où il a exposé ses travaux à l'Académie des sciences, M. Charcot, ne s'est presque point occupé des phénomènes de suggestion ; il s'est systématiquement borné à décrire les phénomènes somatiques de l'hypnose, pensant qu'il fallait aller du simple au composé, de l'objectif au subjectif, et commencer par faire une étude des symptômes physiques et en quelque sorte extérieurs de l'hypnose, avant de chercher à porter la lumière dans la région obscure des suggestions et des autres faits psychiques.

L'œuvre de M. Charcot dans ce domaine a été double : il a décrit les phénomènes physiques de l'hypnose, et il les a présentés comme affectant certains groupements particuliers, désignés depuis sous le nom de périodes. Il nous semble que ces deux parties de son œuvre doivent être soigneusement distinguées.

Les adversaires de la Salpêtrière n'ont point nié catégoriquement les faits décrits par M. Charcot. M. Beaunis déclare simplement ne les avoir jamais rencontrés, et tout en remarquant qu'il y a là une intéressante question à résoudre, il s'abstient de la traiter, faute de documents suffisants. M. Bernheim est moins réservé ; il affirme que les trois états décrits par M. Charcot sous les noms de léthargie, catalepsie, somnambulisme, et les signes physiques qui les accompagnent sont de simples produits de la suggestion. La suggestion, dit-il nettement, est la clef du braidisme. Sur ce point, M. Bernheim va plus loin que M. Beaunis, qui se dit persuadé que la suggestion n'explique pas tout.

Nous croyons que l'école de la Salpêtrière ne doit pas avoir de parti pris dans cette question. Elle a eu l'honneur de découvrir les signes objectifs de l'hypnose qui permettent de déjouer complètement la simulation. Quand elle s'est livrée à cette étude, l'influence et l'étendue de la suggestion étaient

16.

encore peu connues : et M. Charcot et ses élèves
ne se sont point préoccupés de faire la part de ce
phénomène. Aujourd'hui, la question qui s'élève
est relativement nouvelle. Il s'agit de savoir par
quel mécanisme sont produits les phénomènes dits
physiques de l'hypnose, si c'est par suggestion ou
par des manœuvres purement physiques.

Le problème étant nettement posé, il serait sage
de chercher une expérience capable de le résoudre;
cela vaudrait peut-être mieux que d'échanger des
invectives.

Nous convions les expérimentateurs de Nancy à
faire l'expérience suivante qui jetterait quelque
clarté dans le débat; il faudrait choisir un sujet
neuf, chez lequel on ne réussirait pas à provoquer
pendant l'hypnose de contracture dite léthargique
par l'excitation mécanique des muscles, ten-
dons et nerfs; ce sujet étant endormi, on essaye-
rait de reproduire chez lui, par suggestion verbale, une contracture léthargique: par exemple,
on lui indiquerait, dans une région quelconque de
son corps, un point correspondant au passage d'un
tronc nerveux; et en même temps on lui donne-
rait la suggestion que l'expérimentateur exerce sur
ce point une pression profonde avec le doigt; si,
dans ces conditions, il se produisait une contracture
des muscles desservis par les rameaux du nerf in-
téressé et que cette contracture eût la précession
anatomique de celles qu'on provoque en léthargie,
on aurait ainsi obtenu le droit d'affirmer que la

contracture léthargique peut être le résultat d'une idée suggérée.

Cette expérience ne démontrerait pas que la suggestion est tout, et que l'excitation périphérique n'est rien ; mais elle peut être opposée comme une *question préjudicielle* à M. Bernheim et à tous ceux qui soutiennent avec lui que la suggestion est la clef du braidisme. Nous avons fait, avec M. Féré, une tentative dans ce sens sur des hystériques hypnotisables, présentant une léthargie avec hyperexcitabilité neuro-musculaire. Si l'on place ces sujets en somnambulisme, et qu'on leur donne l'idée d'une pression mécanique sur un point quelconque du corps, on voit aussitôt se produire une contracture identique comme localisation à celle que l'on provoque pendant la léthargie, en exerçant une pression réelle sur le point désigné. Mais cette expérience, dans les conditions où elle est faite, ne peut servir à trancher la question en litige ; car la suggestion à laquelle on soumet ces sujets ne fait probablement que renouveler le souvenir d'une impression physique antérieure.

En résumé, nous opposons aux expérimentateurs de Nancy une *exception préjudicielle*. Rien ne leur serait plus facile que de tenter l'expérience indiquée ; la plupart de leurs sujets se trouvent dans les conditions requises, puisqu'ils ne présentent aucun signe somatique de l'hypnose. On doit cependant se souvenir du mot de M. Ladame qui nous apprend que les expérimentateurs de Nancy sont tellement convaincus de l'inexistence des signes physiques qu'ils s'abstiennent de les chercher. Il faudrait donc, avant de procéder à l'expérience, soumettre le sujet à un examen rigoureux et approfondi, afin de s'assurer que l'hyperexcitabilité neuro-musculaire n'existe chez lui à aucun degré. Cette recherche préliminaire est d'autant plus importante que le nombre des hystériques ignorés est très considérable, d'après l'opinion des auteurs compétents. L'attaque convulsive n'est pas le seul signe révélateur de l'hystérie : il existe d'autres stigmates, mais cachés ; et parmi ces stigmates, il faut ranger l'hyperexcitabilité neuro-musculaire [1].

Au reste, on peut prouver, ce nous semble, par des arguments de grande valeur, que la suggestion n'est pas, comme on l'a dit et répété à satiété, la source de tous les phénomènes hypnotiques. Sans doute, cette hypothèse est si facile à comprendre qu'elle suffit à tous les esprits simples. Mais elle conduit à des conséquenses qui nous paraissent incompatibles avec les données de la psycho-physiologie. La suggestion, est la toute-puissance de l'idée : or, faire de la suggestion la cause unique de toutes les réactions hypnotiques, c'est attribuer à l'idée qui est un phénomène psychologique secondaire, la place qui convient à l'excitation périphérique, c'est-à-dire au phénomène psychologique initial. L'idée, ou pour parler en termes plus con-

Charcot, *Maladies du système nerveux*, t. III, p. 417.

crets, l'image, n'est qu'un écho affaibli d'une sensation antérieure: il y a, ce nous semble, quelque chose de contradictoire à reconnaître de l'influence à l'excitation idéale, quand on la refuse à l'excitation réelle.

La lecture de notre travail sur l'intensité des images mentales préparera peut-être le lecteur à bien comprendre notre pensée. Toute excitation périphérique agissant sur les organes sensoriels d'un sujet, et principalement d'un sujet hyperexcitable, accroît l'énergie de tous ces organes: elle produit, comme nous l'avons vu, une dynamogénie généralisée et diffuse: cet accroissement de force est temporaire: après une courte ascension, la courbe de l'excitation s'infléchit et descend; à la dynamogénie momentanée succède une phase d'épuisement. Voilà ce que les expériences de mon ami M. Féré ont montré avec des détails innombrables. Or, non seulement le rôle de l'excitation périphérique est compatible avec celui de la suggestion, mais la suggestion ne se comprendrait pas, si l'excitation périphérique ne produisait rien.

En effet, il est impossible de comprendre comment un phénomène aussi superficiel qu'une idée peut produire des modifications nerveuses, circulatoires et sécrétoires aussi profondes que celles de la suggestion, si l'idée n'avait pas une certaine intensité: si en d'autres termes, sous l'idée, il n'existait pas une force, une excitation périphérique.

L'idée par elle-même est bien peu de chose : il y a une distance énorme entre l'idée d'un acte extravagant, telle qu'elle peut sillonner le cerveau d'une personne raisonnable, et l'idée impulsive qui conduit un aliéné au meurtre. Toute l'efficacité de l'idée dépend de l'intensité de la force accumulée derrière.

Lorsqu'on suggestionne un sujet, on ne se contente pas de faire pénétrer dans son esprit l'image photographique d'un acte, on le soumet à une véritable excitation, comparable à celle qu'on produit en agissant sur lui par le bruit assourdissant du tamtam. De son côté, le sujet qui oppose une résistance à la suggestion est comme celui qui s'efforce d'arrêter l'effet d'une excitation périphérique, un tressaillement, par exemple.

Il n'y a qu'un seul point qui distingue la suggestion d'une excitation périphérique. Ainsi que nous l'avons dit dans notre travail, l'excitation périphérique produit un effet diffus ; le rayon rouge qui tombe sur la rétine d'une hystérique augmente sa force musculaire, sa sensibilité, le volume de ses membres, et toutes ses fonctions physiologiques. Au contraire, l'excitation par les idées est une excitation localisée. En d'autres termes, l'idée localise l'excitation, de même que, dans nos expériences rapportées plus haut, nous avons vu l'excitation dynamogénier l'idée.

C'est ainsi que nous comprenons comment on peut, chez un sujet hyperexcitable, augmenter l'acuité visuelle, soit, comme M. Féré l'a fait, en soumettant le sujet à des excitations sonores, soit selon le procédé habituel, en suggérant le sujet. La première méthode est celle de l'excitation diffuse, la seconde, celle de l'excitation localisée. Dans le premier cas, le total de l'excitation est plus considérable, mais l'action sur chaque organe est plus faible que dans le second cas.

Enfin nous avons montré plus haut comment en envisageant l'association d'idées comme ligne de force, on peut ramener l'idée suggérée à une excitation. La suggestion dont le point de départ est une parole ou un geste de l'opérateur, est une excitation périphérique de l'oreille ou de la vue, qui au lieu de se diffuser dans tout l'organisme, suit le chemin spécial que lui fournissent les associations d'idées préétablies.

Nous ne dirons qu'un mot des périodes hypnotiques. La question de l'existence de ces périodes a soulevé des discussions sans fin. On a prétendu qu'elles sont le résultat de la suggestion et de l'imitation. Nous ne voyons pas qu'il existe ici une expérience simple à laquelle on puisse recourir comme pierre de touche, pour couper court aux débats. Pour mettre en doute la valeur de l'essai nosographique de M. Charcot, il ne suffit point d'opposer aux cas types présentant les trois périodes de sommeil, les innombrables sujets qui font exception à la règle; on sait fort bien que les formes classiques, complètes, sont beaucoup plus rares que les formes frustes. Il en est ainsi dans toutes les maladies.

La véritable question est de savoir quelles ont été les parts respectives du sujet et de l'expérimentateur dans l'établissement des périodes hypnotiques: en d'autres termes. la délimitation des états nerveux connus sous le nom de léthargie. catalepsie. somnambulisme. est-elle l'effet d'un processus spontané, ou provient-elle d'une suggestion imprudente faite par l'opérateur. ou de l'imitation d'un premier sujet par tous ceux qui ont été dressés à la suite? Mais comment résoudre expérimentalement un tel problème ? Nous ne le voyons pas.

Sur ce point délicat nous nous contenterons de rapporter un fait qui ouvre le champ à bien des réflexions. Nous avons observé à maintes reprises. et chez un grand nombre de sujets hystériques. que parmi les phénomènes qu'on provoque pendant l'hypnose. il n'en est pas un seul qu'on ne puisse retrouver à un degré quelconque pendant l'état de veille. Il en est ainsi. comme on le sait depuis longtemps. pour les contractures de la léthargie et du somnambulisme. et pour les faits de suggestion. Récemment. dans une série de recherches poursuivies avec M. Féré [1]. nous avons pu reproduire pendant la veille, chez des hystériques hypnotisables. la plasticité cataleptique avec tous ses

---

[1] *Recherches sur la physiologie des mouvements chez les hystériques. (Arch. de physiologie. octobre 1887.)*

caractères ; et de plus, cette plasticité pouvait être provoquée indifféremment pendant que le sujet avait les yeux ouverts ou fermés.

Puisque tous les phénomènes qu'on rapporte habituellement à l'hypnose hystérique préexistent à l'état de veille chez les sujets hystériques, et cela sans affecter le moins du monde un groupement en périodes, il semble bien en résulter que la division de l'hypnose en périodes est un phéno-mène d'ordre secondaire auquel on ne doit pas attacher autant d'importance qu'aux faits de con-tracture ou de plasticité.

Enfin, dans un ordre d'idées différent, le fait que nous signalons montre qu'il n'y a point grand inconvénient à faire des expériences d'hypnotisme — d'un caractère modéré — sur des hystériques reconnus, officiels, puisqu'on ne provoque en eux, par les manœuvres hypnotiques, aucun phénomène nouveau. Il est au contraire beaucoup plus grave d'hypnotiser un sujet sain, chez lequel on est obligé de créer de toutes pièces un état morbide qui ne préexiste pas.

2. — Nous arrivons à l'auto-suggestion.

Si l'on considère le sujet d'expérience, c'est-à-dire le somnambule, comme un automate physique et intellectuel, les expériences qu'on fera sur lui consisteront à l'impressionner d'une façon quel-conque et à observer ensuite la réaction produite directement et isolément par cette impression. Ainsi, on place les bras du cataleptique dans l'atti-

tude de la prière, et sa physionomie revêt une
expression d'extase religieuse. On lui donne l'hallucination d'un carré rouge, et il éprouve consécutivement une sensation de vert. Dans ces cas, l'effet
qu'on obtient est directement et isolément produit
par l'action que l'observateur a exercée sur son
sujet.

Supposons maintenant que le somnambule soit
non un automate, mais une personne dont les sens
et l'intelligence sont éveillés et même excités; les
choses ne se passeront plus avec la même simpli-
.cité. Quand on lui donnera une impression quelconque, physique ou morale, ce que l'on observera
à la suite, ce ne sera pas toujours l'effet direct de
l'impression, ce sera parfois l'effet du raisonnement, du commentaire auquel le sujet se sera livré
à propos de l'impression qu'il a subie. Dans ce cas,
l'expérience hypnotique ne sera jamais une expérience simple; à cause de ce retentissement de
l'intelligence, elle sera aussi complexe que si elle
était pratiquée sur une personne éveillée. Une
malade en somnambulisme nous disait un jour :
« Quand on fait une expérience sur moi, j'essaye
toujours de me rendre compte de ce que l'on
cherche. » Une autre fois, remise en somnambulisme après une expérience, elle nous dit naïve-
ment : « Vous ai-je bien obéi ? »

Tous les sujets que j'ai observés en somnambulisme — je ne puis parler que de ceux-là — conservaient leur personnalité intellectuelle et morale.

Ils me paraissaient même plus *éveillés* que pendant
la veille ordinaire. Mais cet état psychique offre
plus d'une variété. Quelques-uns se rendent compte
de leur état. G... sait qu'elle est en somnambulisme; elle le reconnaît à ce signe que sa mémoire
est plus étendue que pendant la veille. D'autres,
comme W..., ont un sentiment confus de leur
condition. « Dormez-vous ? — Non, je ne dors pas.
— Êtes-vous dans votre état naturel ? — Non, je
suis sous votre puissance. » D'autres, enfin, comme
Cl.... déclarent catégoriquement qu'elles sont bien
éveillées et dans leur état normal. Ces diverses
réponses nous montrent quelle variété il y a d'un
sujet à l'autre, et quelle imprudence on commettrait
en essayant de caractériser leur état par les impressions subjectives qu'ils éprouvent. Certes, il
est d'une bonne méthode d'interroger la somnambule sur ce qu'elle ressent, et de la considérer à ce
point de vue comme une aliénée. Je suis complètement de l'avis de M. Féré sur ce point, on n'inter-
roge pas assez les sujets, on ne les fait pas assez
causer. On se contente trop d'expériences solen-
nelles, faites devant plusieurs assistants. Il est bon
de savoir ce que le sujet pense de son état[1]. Cependant, il ne faut pas aller trop loin dans cette voie,
et prendre au pied de la lettre tout ce qu'il dit.

---

[1] Il y a, dit-on, le danger de la simulation. Soit, mais les aliénés
ne peuvent-ils pas simuler, et ne les a-t-on pas pris souvent sur le
fait ? Cela n'a jamais été allégué comme une raison suffisante pour
se dispenser de les interroger sur leur état.

Examinons comment il est possible de savoir si les effets qu'on obtient en impressionnant le sujet résultent directement de l'impression exercée, ou sont produits par un acte intellectuel interposé.

Quelques opérateurs semblent croire que ce dernier cas se présente toujours, et on arriverait à cette même conclusion — qui, pour nous, est exagérée — si on interrogeait en somnambulisme des sujets qui ont été habitués à de nombreuses expériences. Un jour, m'adressant à G...., sur laquelle on a fait à la Salpêtrière un grand nombre de fois la suggestion de monoplégie brachiale, j'ai voulu lui faire vider son sac et savoir tout ce qu'elle avait appris sur cette expérience bien connue; je constatai qu'elle aurait pu faire un véritable cours sur les paralysies par suggestion. Elle sait que ce sont des paralysies psychiques, produites par l'imagination; elle sait aussi qu'on les provoque également par un choc sur l'articulation de l'épaule; elle sait que la zone d'anesthésie est aussi grande que la zone paralysée; elle sait que les réflexes sont exaltés, que le sens musculaire est perdu, etc. Elle connaît également les caractères de la contracture somnambulique, son mode de destruction et de provocation. Elle connaît les phénomènes de contraste chromatique produits par les hallucinations colorées. Elle sait enfin comment on s'y prend pour endormir un sujet et le suggestionner, si bien que j'ai pu un jour lui donner en somnambulisme l'ordre d'endormir à son réveil la nommée Cl...,

son amie, et de la suggestionner dans un sens
déterminé; l'expérience. qui a quelque importance
au point de vue médico-légal. a réussi de tous
points.

Doit-on en conclure que chez cette malade tous
les effets hypnotiques qu'on produit maintenant sont
les résultats de sa mémoire? Puisqu'elle connaît
les signes physiques des paralysies motrices. en
résulte-t-il que ces signes physiques sont produits
maintenant par auto-suggestion? Est-ce aussi
l'auto-suggestion qui explique ses contractures
somnambuliques, ses sensations consécutives à la
suite des hallucinations colorées. etc.. etc.? Sur
ce point, on ne peut rien dire de catégorique; il me
paraît probable. cependant. que, bien que le sujet
connaisse ces phénomènes. ce n'est pas une raison
pour qu'ils aient toujours et exclusivement une
source psychique. Nous savons tous qu'un choc sur
le tendon rotulien produit le réflexe du genou; est-
ce une raison d'admettre que ce réflexe est produit
uniquement par l'imagination?

Mais ce qui est certain. c'est que la première fois
que l'expérience a été faite. la malade ne pouvait
pas en connaître le résultat. et, par conséquent.
le phénomène d'auto-suggestion n'a pu. dans certains cas, jouer aucun rôle. J'ignore comment ont
été faites les premières expériences de paralysie
par suggestion; mais je sais comment a été faite
la première expérience d'image consécutive par hallucination colorée. car c'est moi qui l'ai imaginée

et qui l'ai exécutée avec le concours de M. Richer.
il y a bientôt trois ans. La malade. W..., en
ignorait donc le résultat. On peut donc. soit en
opérant sur un sujet neuf. soit en faisant des
expériences neuves d'une certaine nature,. écarter
l'auto-suggestion.

Nous dirons un mot aussi de la simulation, danger
qui, sans être absolument imaginaire, a été beaucoup exagéré. Dans chaque expérience, l'observateur doit prendre des précautions spéciales pour
n'être pas trompé. Nous nous sommes préoccupés
de trouver un moyen général pouvant s'appliquer
à toutes les expériences. Le suivant, que nous
avons mis plusieurs fois à l'épreuve, mérite d'être
recommandé.

Il faut partir de ce fait que la suggestibilité du
sujet peut être démontrée par des expériences pré-
cises, par exemple celles des hallucinations; on
peut donc employer cette suggestibité comme un
moyen de déjouer la simulation. Nous suggérons à
G... en somnambulisme que toutes les fois qu'elle
dira un mensonge ou se livrera à quelque exagération, elle ne pourra s'empêcher de s'écrier : Sapristi! Cette exclamation partira avec la fatalité
d'un réflexe, et elle n'entendra aucun son, elle ne
s'apercevra de rien. Nous créons ainsi un appareil
avertisseur, destiné à nous donner un signal d'a-
larme toutes les fois que notre sujet voudra nous
tromper. Pendant le somnambulisme, nous l'avons
prise en flagrant délit deux ou trois fois. Nous vou-

lions savoir si elle se rappelait tel événement de sa
vie passée; elle parut chercher et déclara catégoriquement que non. Puis elle ajouta machinalement :
« *Ah! sapristi!* » Pour s'assurer que l'appareil
avertisseur continue à fonctionner. il suffit de
donner de temps en temps une suggestion de mensonge. Par exemple. nous ordonnons à la somnambule de nous affirmer au réveil qu'elle a déjà
dîné, ce qui est faux. Au réveil, nous lui disons :
« Avez-vous faim? — Non. j'ai déjeuné, je vous
assure que j'ai déjeuné. *Ah! sapristi!* »

III. — En terminant. nous voulons dire un mot
sur la valeur des *expériences négatives*. Les nombreuses discussions qui s'élèvent chaque jour entre
les personnes qui s'occupent d'hypnotisme peuvent
se ramener à la formule suivante. M. A..., ne réus-
sissant pas à reproduire le phénomène observé par
M. B..., déclare que M. B... s'est trompé. La question est de savoir si, en fait d'hypnotisme. les expériences négatives sont contradictoires.

Les règles de l'expérience négative ont été très
exactement fixées par Stuart-Mill dans le chapitre
de la *Logique* où il parle de la méthode de différence; la méditation de ce chapitre aurait épargné
bien des erreurs aux médecins et aux philosophes
qui s'occupent d'hypnotisme.

Disons d'abord que les expériences négatives ne
doivent être, en général, acceptées qu'avec circons-
pection. Souvent, on ne réussit pas parce qu'on ne
sait pas s'y prendre, et une expérience négative

est seulement une expérience ratée. Qu'on se reporte à mon expérience de suggestion donnée en somnambulisme et devant se réaliser en catalepsie; le premier essai échoua; si je m'en étais tenu là, aurais-je eu le droit de dire que l'on ne peut pas donner à une grande hypnotique une suggestion de ce genre? Non, à coup sûr. J'aurais commis une erreur en généralisant une expérience qui n'était qu'un échec. L'expérience négative n'est sérieuse que lorsqu'elle a été prolongée longtemps, reprise, modifiée de cent façons, sur un grand nombre de sujets différents. Ajoutons aussi que ce qui peut donner de la valeur à l'expérience, c'est l'autorité de son auteur; la réputation scientifique d'un homme permet souvent de juger à sa véritable valeur le fait qu'il dit avoir découvert; on sait fort bien que, pour certains savants, le monde visible n'existe pas; Gautier disait à ce sujet quelques mots très justes : « Le sens artiste manque à une infinité de gens, même à des gens d'esprit. Beaucoup de gens ne voient pas. Par exemple sur vingt-cinq personnes qui entrent ici, il n'y en a pas trois qui discernent la couleur du papier. Tenez, voilà X..., il ne verra pas si cette table est ronde ou carrée... Toute ma valeur, ils n'ont jamais parlé de cela, c'est que *je suis un homme pour qui le monde visible existe.* » Ce que Gautier appelait le sens artiste, c'est le *sens de l'observation.*

Enfin, il est une règle de logique élémentaire : c'est que l'expérience négative doit être faite dans

les mêmes conditions que la positive. Il n'y a de
contradiction que s'il y a identité d'objet. Un auteur dont on contredit les résultats se défait de son
adversaire en lui démontrant qu'il a opéré dans des
conditions différentes. En fait d'hypnotisme, il convient de distinguer deux ordres de sujets, ceux qui
sont hystériques et ceux qui ne le sont pas; et
parmi les premiers, il faut distinguer la grande hystérie de la petite.

Supposons que l'expérience négative ait été faite
dans des conditions irréprochables. Que vaut-elle ?
En physique, en chimie, elle est presque péremp-
toire. Un savant annonce telle réaction chimique:
on la vérifie en se mettant dans des conditions rigoureusement identiques; on obtient un résultat
différent : il y a contradiction. Il y a un des deux
chercheurs qui s'est trompé.

Mais en physiologie et en pathologie, la contradiction est-elle possible? L'expérience ou l'observation
négative d'un clinicien détruit-elle l'expérience ou
l'observation positive d'un autre ? En aucune façon :
car les phénomènes biologiques sont trop complexes pour qu'on soit certain d'opérer deux fois
dans les mêmes conditions. Si un médecin annonce
qu'il a observé tel symptôme nouveau dans le
tabes dorsal, un second médecin qui ne trouvera
pas le même symptôme chez un tabétique de ses
malades n'aura pas, par ce seul fait, le droit de considérer l'observation de son confrère comme fausse.
Il en est de même *a fortiori* pour les phénomènes

17.

psychologiques de l'hypnotisme. M. A... annonce tel fait; M. B.... en se plaçant dans les mêmes conditions. ne le retrouve pas, cela ne prouve absolument rien. On peut dire plus : cela ne prouve rien. alors même que les deux opérateurs ont agi sur le même sujet. car ce sujet a pu changer d'une expérience à l'autre.

Qu'en résulte-t-il? Est-il donc impossible de contrôler les expériences d'un observateur? Non, à coup sûr, mais ce n'est pas l'expérience négative qui doit servir de critérium définitif; elle n'est qu'une procédure préparatoire, quoique indispensable.

Nous pensons que si on a accordé, en matière d'hypnotisme, tant de valeur aux expériences négatives, c'est parce que les savants qui s'adonnent à ces études se laissent aller trop souvent à la manie de généraliser. A-t-on observé sur trois à quatre sujets une réaction quelconque. on s'empresse d'en faire une loi générale : et ceux qui ne peuvent pas arriver à reproduire le phénomène mettent le même empressement à déclarer la loi fausse. Pour couper court à ces discussions stériles, le mieux serait de ne jamais légiférer et de présenter ses observations comme le résultat modeste d'une série de recherches personnelles.

NOTE

sur

L'ÉCRITURE HYSTÉRIQUE

———

La graphologie, qui recherche dans l'écriture la traduction graphique des mouvements inconscients par
lesquels le scripteur manifeste extérieurement ses
états de conscience, nous paraît être un simple fragment de l'étude de la *mimique*, laquelle rentre à son
tour dans l'étude encore plus générale de la *physiologie des mouvements*. Il faut donc, selon nous, étudier l'écriture d'après les procédés dont on se sert en
physiologie pour étudier les réactions motrices par
lesquelles un individu répond à une excitation donnée. MM. Ferrari, Héricourt et Richet sont entrés
récemment dans cette voie, par leurs recherches
de graphologie expérimentale [1]. Ces observateurs
ont vu que lorsqu'on impose par suggestion à un hypnotique une personnalité d'emprunt, le sujet invité
à écrire trace des caractères dont la forme paraît

[1] Voir la *Revue philosophique*, 1886, tome XXI. p. 414.

être en harmonie avec sa personnalié nouvelle.
Nous citerons par exemple le fac-similé de l'écriture
du sujet qui, transformé en Napoléon Ier, envoie
un ordre à Grouchy sur le champ de bataille de
Waterloo. Ces recherches sont excellentes comme
méthode, et les auteurs ont eu bien raison de procéder en modifiant les états de conscience du scripteur, pour rechercher ensuite les effets de ces modifications sur l'écriture, au lieu de suivre la méthode
inverse, et fort incertaine, des graphologues de
profession, qui le plus souvent remontent, par induc-
tion, des caractères graphiques aux états de conscience du scripteur. Nous disons que cette dernière
méthode est fort incertaine, parce qu'elle manque
de contrôle ; lorsqu'on certifie par exemple que
telle écriture trahit la main d'un homme orgueil-
leux, quelle preuve peut-on donner de cet état
psychique ? et qui nous dit que le scripteur, au
moment où il écrivait, était dominé par l'orgueil et
non par tel autre sentiment ? Ce doute est sup-
primé, lorsque c'est par suggestion que l'on com-
munique au scripteur un état de conscience ; alors,
on n'a plus à étudier que son écriture, c'est-à-dire
un phénomène beaucoup plus objectif.

Cependant, si les recherches de MM. Ferrari,
Héricourt et Richet nous paraissent conformes à
la meilleure méthode, on peut hésiter sur l'interprétation qu'il convient d'en donner. La graphologie,
disons-nous, cherche dans l'écriture l'expression
inconsciente du caractère du scripteur ; or, lors-

qu'on impose à un sujet une personnalité d'emprunt, il n'est pas du tout prouvé que son écriture soit le résultat direct de sa nouvelle personnalité. Quand un hypnotique qui croit être Napoléon écrit un ordre à Grouchy, il est probable qu'un phénomène d'idéation s'interpose entre sa volonté d'écrire et l'acte ; le sujet *copie un modèle mental* fourni par le souvenir (si par exemple le sujet a vu des autographes de Napoléon Ier) ou inventé par l'imagination. L'expérience n'a donc pas une grande valeur pour la graphologie.

Nous pensons que cette objection ne peut pas être opposée à la *majorité* des expériences suivantes, qui ont été faites en soumettant des hystériques hypnotisables, du service de M. Charcot, à des excitations sensorielles et psychiques, pendant que les sujets écrivaient sous la dictée.

Nous avons constaté très nettement que sous l'influence des excitations des sens, comme la vue d'un disque rouge, l'hallucination du rose ou du rouge, un bruit réel ou imaginaire, une odeur forte de musc, ou même une odeur puante, etc., l'écriture s'agrandit et les traits s'épaississent, comme si le sujet sentait le besoin de dépenser un surcroît de force musculaire. De plus, le sujet écrit plus vite.

Les suggestions d'états de conscience excitants, comme la joie, l'amour-propre, l'orgueil, produisent la même écriture dynamogéniée que les excitations de la sensibilité. La suggestion n'est même pas nécessaire pour amener ce résultat. Chez un sujet nous constatons un jour le fait suivant : il écrit sous notre dictée pendant dix minutes des phrases banales, et son écriture conserve pendant tout ce temps une grandeur normale. A un certain moment, nous intercalons dans notre dictée les mots : Vive la République ! aussitôt le caractère graphique s'agrandit, bien que nous n'ayons pas élevé la voix ni soumis l'hypnotique à aucune autre excitation qu'à celle qui résulte du sens de ces paroles. Nous dictons ensuite des phrases qui n'ont aucun caractère émotif, et aussitôt l'écriture du sujet se calme et reprend son caractère primitif.

Cependant quelques-unes de nos expériences nous paraissent susceptibles des mêmes objections que celles de MM. Ferrari, Héricourt et Richet : ainsi, ayant suggéré à G... qu'elle est la plus belle femme de la Salpêtrière, nous obtenons une écriture dans laquelle la malade nous donne son maximum d'élégance ; ici l'imagination a probablement joué un rôle.

Ces premiers résultats concordent parfaitement avec ceux de M. Féré qui a montré que chez les hyperexcitables, toute excitation sensorielle détermine un accroissement momentané du pouvoir moteur, mesurable au dynamomètre. Seulement le dynamomètre a sur l'écriture l'avantage de donner un chiffre.

On sait aussi, depuis les expériences de M. Féré, que l'aimant agit sur les hyperexcitables comme

toute autre excitation périphérique. et peut amener
les mêmes résultats dans les mêmes conditions.
Ainsi M. Féré a montré que l'application de l'aimant
à distance accroît la force musculaire du bras vers
lequel il est tourné. avant d'opérer le *transfert* de
cette force musculaire à l'autre bras : et que semblablement l'excitation d'un seul œil par une
lumière rouge produit d'abord une exaltation de
force motrice dans le bras correspondant. et ensuite
un transfert de la puissance motrice à l'autre bras.

Nous avons constaté qu'il est possible de refaire
sur l'écriture cette double expérience de dynamogénie et de transfert. Nous avons vu antérieurement, dans des recherches faites en commun avec
M. Féré[1], que l'aimant opère le transfert de l'impulsion d'écrire ; dans une expérience récente faite
avec notre collaborateur, nous avons constaté en
outre que l'aimant, placé à une certaine distance
de la main qui écrit, ne tarde pas à augmenter
l'amplitude des caractères, comme le fait une excitation sensorielle. Cette expérience a été faite sur
la nommée G..., qui n'a pas été soumise jusqu'ici
à des expériences de transfert d'impulsion.

En somme, tous ces résultats sont confirmatifs ;
et on peut poser en règle générale que toute excitation sensorielle, produite par un objet quelconque,
ou par l'aimant, détermine dans un sujet hyperexcitable une dynamogénie générale. qui se tra-

---

[1] *Le transfert psychique* (janvier 1885, *Rev. phil.*).

duit non seulement par une augmentation de force dynamométrique, mais par un agrandissement des caractères graphiques.

Si l'excitation sensorielle est prolongée, elle *fatigue* le sujet : les rapports entre l'hystérie et la fatigue sont aujourd'hui bien certains : on sait que l'hystérique s'épuise vite (Féré). Or, ce n'est pas seulement le pouvoir moteur qui traduit cet épuisement à la suite d'une excitation prolongée ; l'écriture aussi le rend manifeste, en devenant plus petite qu'à l'état normal. Nous voyons en effet que si nous faisons écrire un sujet après lui avoir donné la suggestion d'une impression sensorielle telle que la couleur rose ou l'odeur du musc, on obtient d'abord une écriture large, dynamogéniée : peu après, l'écriture se rapetisse progressivement, elle s'épuise en quelque sorte. Par conséquent le parallèle entre les mouvements graphiques et l'effort musculaire se maintient ici. Ce n'est pas tout. Si on laisse l'expérience continuer un certain temps, dans le cas où la première excitation n'a pas été trop violente, l'écriture s'agrandit de nouveau : en d'autres termes, il se fait une *oscillation consécutive* dans laquelle l'état prime reparaît, exactement comme cela se passe pour la force musculaire. Cette série d'excitations et de dépressions que présente l'écriture sous l'influence d'une excitation sensorielle continue nous paraît être tout à fait l'analogue de la polarisation motrice, où l'impulsion est remplacée par la paralysie ; ici seulement,

la dépression ne va pas jusqu'à la paralysie. parce
que l'excitation épuisante n'est pas assez forte.

On peut amener le même épuisement de l'écriture par des suggestions d'états psychiques à caractère déprimant. comme la modestie ou la tristesse.
On voit alors d'emblée les caractères graphiques se
rapetisser.

Les expériences précédentes nous montrent toutes
que les mouvements coordonnés de l'écriture
suivent. chez des sujets hystériques. les mêmes modifications que la puissance musculaire : ces modifications peuvent être d'ailleurs classées tout simplement sous les noms d'excitation et de dépression,
de dynamogénie et d'inhibition (Brown-Séquard).
Les observations précédentes ne s'appliquent qu'aux
hystériques ; mais il est probable que l'hystérie
rend seulement plus apparents des phénomènes qui
existent aussi à l'état normal.

L'excitation et la dépression. tel est le point
unique que nous désirions signaler dans cette courte
note. Nous reviendrons plus tard sur d'autres
modifications de l'écriture. Nous n'avons pas
examiné ici la grosse question de savoir si l'écriture permet de diagnostiquer le caractère mental
du scripteur ; pour résoudre un tel problème. le
seul moyen serait de recourir à la méthode hypnotique ; un expérimentateur ferait écrire son sujet
sous l'influence de suggestions diverses : et ensuite
le graphologue, auquel les spécimens d'écriture
seraient présentés sans commentaires. aurait à devi-

ner à quelle espèce de suggestion chaque spécimen correspond. L'essai de ce diagnostic permettrait de savoir où en est la graphologie contemporaine.

TABLE DES MATIÈRES

—

ÉVREUX. IMPRIMERIE DE CHARLES HÉRISSEY

graphicom 3398 57 70

Catlex 7

SERVICE PHOTOGRAPHIQUE